스파이더맨

손석호
경상북도 영주에서 태어났다.
1994년 공단문학상, 2016년 『주변인과 문학』을 통해 시인으로 등단했다.
시집 『나는 불타고 있다』 『스파이더맨』을 썼다.
2025년 제1회 무등문학상 작품상을 수상했다.

파란에서 펴낸 손석호의 시집 나는 불타고 있다(2020)

파란시선 0169 스파이더맨

1판 1쇄 펴낸날 2025년 11월 15일
지은이 손석호
인쇄인 (주)두경 정지오
디자인 이다경
펴낸이 채상우
펴낸곳 (주)함께하는출판그룹파란
등록번호 제2015-000068호
등록일자 2015년 9월 15일
주소 (10387) 경기도 고양시 일산서구 중앙로 1455 대우시티프라자 B1 202-1호
전화 031-919-4288
팩스 031-919-4287
모바일팩스 0504-441-3439
이메일 bookparan2015@hanmail.net

ⓒ손석호, 2025, printed in Seoul, Korea

ISBN 979-11-94799-17-7 03810

값 12,000원

*이 책 내용의 전부 또는 일부를 재사용하려면 반드시 저작권자와 (주)함께하는출판그룹파란 양측의 동의를 받아야 합니다.
*잘못된 책은 바꾸어 드립니다.
*지은이와의 협의 하에 인지는 생략합니다.
*이 시집은 (주)휴웰의 창작지원금을 지원받았습니다.

스파이더맨

손석호 시집

시인의 말

새벽까지 별을 가리킨다
오늘 밤에도
손목에서 거미줄은 발사되지 않는다

늦잠 속
슬픈 곤충이 기어다닌다

차례

시인의 말

제1부 세상이 고소해지려면 더 오래 볶아야 하는데 벌써 새까맣게 탄다
방아깨비 – 11
거룩한 파리 – 12
메뚜기볶음 – 13
노루표 페인트 – 14
스파이더맨 – 15
농게 – 16
민달팽이 – 18
말표 구두약 – 20
꼽등이 – 22
동물 재배용 비닐하우스 – 24
소금쟁이 – 26
사마귀 – 28
기생충 – 30
노린재 – 32
개미구멍 – 34
반듯한 개미 – 36

제2부 나는 소화되지 않는 어떤 이름을 쉬지 않고 삼키고 뱉는다
음 소거 – 39
근면한 모기 – 40
신림동 – 42
지구를 굴리는 쇠똥구리 – 44
물방개 – 46

땅거미 — 48
인간 채집 — 50
동물 채집 메모장 — 52
칠성무당벌레 — 54
돈벌레 — 56
바퀴 — 58
뱀 — 60
오징어 — 62
늑대 — 64
나방 — 66

제3부 두드리면 조금 가벼워지는 슬픔이 납작해지고 있다
용접봉 — 69
망루 — 70
울음을 망치질하다 — 72
컨베이어 — 74
압력계 — 76
되새김질—어느 노동자의 분신 — 78
전태일과의 한 끼 — 80
전기공 — 82
영등포 표류기 — 84
백혈병 — 86
망월동 — 88
전봉준 마지막 길 — 90
맥도날드 할머니 — 92
못 — 94

비정규직 - 96
거리의 야옹 - 97

제4부 아무리 세게 마음을 잠가도 새는 게 많았다
오늘의 날씨 - 103
마두금 - 104
손목시계―우크라이나 - 106
핼러윈 - 108
1987 - 110
팽목항 크리스마스 - 112
굴레 - 113
차이와 사이 - 114
김일수 - 116
13월 - 118
지문 - 120
나의 아저씨―이선균 - 122
누설 - 124
중독 - 125

해설
이경수 바닥을 기는 곤충의 생태학 - 127

제1부
세상이 고소해지려면 더 오래 볶아야 하는데
벌써 새까맣게 탄다

방아깨비

 펄쩍펄쩍 아무리 뛰어도 그 자리가 그 자리 지구가 발목을 꽉 잡고 있으니 꼬꾸라지지 않는다 뒤뚱뒤뚱 일어서고 걷고 뛰고 멈췄다가 앉고 눕고 벌떡벌떡 다시 일어서고 걷고 뛰고 멈췄다가 눕는다 뒤적뒤적 보지 말자 듣지 말자 냄새 맡지 말자 맛보지 말자 만지지 말자 혹 보이고 들리고 냄새나고 먹고 만지게 되더라도 느끼지 말자 어기적어기적 출근하자 30분 일찍 출근하자 마을버스 타고 전철로 갈아타고 다시 마을버스를 타고 내리자마자 뛰자 눈 부릅뜨고 허벅지 꼬집으며 일하자 쓱싹쓱싹 쉬지 말자 쉬더라도 실적을 잊지 말자 퇴근 말자 퇴근하더라도 야근하자 재깍재깍 사랑하지 말자 사랑하더라도 결혼하지 말자 결혼하더라도 섹스하지 말자 질금질금 섹스하더라도 아이 낳지 말자 오늘을 간신히 찧었는데 쿵덕쿵덕 내일 때문에 잠은 오지 않고 멈추면 죽을 것 같고 버석버석 창밖 달 속에 토끼가 방아를 찧고 내 심장이 방아를 찧고 말똥말똥

거룩한 파리

가격이 폭락해 팔지 못한 과일을 싣고
공판장에서 되돌아 나오던 농부
교통 딱지 떼이고 있다
안전벨트 미착용이 삼만 원이라는데
자두 한 박스가 삼천 원이라며
자두 열 박스로 맞바꾸자 실랑이한다

때마침 범칙금 통고서 작성판에 앉는
파리 한 마리
......
파리 쫓듯 연신 손 내젓는 교통경찰

저만치 멀어지는
1톤 화물차

메뚜기볶음

 들어간 회사마다 사정이 어려워 자주 회사를 옮겨 다녔고 친구들이 화려한 메뚜기라 불러 준다

 두 발로 멀리 뛰고 싶었지만 내 마음속엔 늘 다리가 한쪽만 있어 자주 넘어지곤 한다 어릴 적 내 손에 다리 한쪽을 남겨 두고 도망간 메뚜기의 예상되던 불시착처럼

 도시락 반찬으로 싸 준 멸치볶음을 젓가락으로 깨작거릴 때마다 멸치는 다 자라도 그냥 멸치라는 아버지 말이 파고 들어 와 헤엄친다 뒤늦게 뒤적이는 공무원 수험서 책장에 스며든 김칫물의 얕은 수심까지

 사장은 주휴수당을 주지 않으려 알바 시간을 토막 내 던져 준다 여기저기 깨금발로 뛰어다니며 주운 시간을 아무리 조립해도 하루에 두 번씩 해 뜨는 날이 많아졌다 전등을 껐는데도 파리는 따라다니며 까분다고 말한다 목숨이 달린 일인데

 이제 코로나 핑계로 조용하게 방 안에만 있다 안주가 필요 없지만 새우깡을 한 주먹씩 욱여넣는다 세상이 고소해지려면 더 오래 볶아야 하는데 벌써 새까맣게 탄다

노루표 페인트

—

 고층 콘크리트 벽면에 유명 아파트 브랜드를 색칠하고 있었어 뛰어내리면 어디까지 튕길 수 있을까 생각했는데 느닷없이 노루가 다가와 내 옆에 쪼그려 앉아 중얼거리고

 밥은 먹었어 야생적인 아침 궁둥이가 검슝검슝한 오늘이야 밧줄을 자르든지 안전띠를 풀어 봐 멀리까지 함께 뛸 수 있을 것 같아 101동에서 108동까지 허들을 넘듯 폴짝폴짝 오줌 지렸니 열등감이 바짓단까지 번졌어 조금만 기다려 봐 절망처럼 금방 마를 거야 아무래도 안 되겠어 이제 도망가자 올무에 걸린 하늘의 목이 조여들고 있어 긴 발을 구름 밖으로 뻗어야 해 벌써 늦은 것 같아 얼른 숨어야 해 숨을 집이 없으면 파랑 페인트 통을 뒤집어쓰고 파란 하늘을 흉내 내 봐

 노루 한 마리 내 몸속으로 쏙 들어오고 심리적 허들을 견디지 못한 다른 노루 한 마리 불쑥 뛰쳐나와 추락하고

—

스파이더맨

 나는 도무지 책장이 넘어가지 않는 악의 꽃의 어느 페이지에 손가락을 꽂아 두고 있었고 형은 대자보를 붙이고 있었는데 잠자리가 우리의 여름방학처럼 거미줄에 달라붙어 퍼덕이고 있었어

 형은 잠자릴 떼어 내 날려 보내며 말했지 겹겹이 둥글게 갇힌 과녁처럼 거미줄의 끈끈한 가로줄은 위험해 거미는 위험할 때 끈끈이 없는 세로줄을 타고 잽싸게 땅바닥으로 도망친대 거미도 가로줄엔 붙으니까

 즐겁지는 않지만 우리는 오랫동안 거미줄보다 낮은 곳에 살고 있지 그렇다고 절대로 기어다니지는 않아 주로 걷는 척 뛰어다니지 높은 곳은 쳐다보지 않아서 줄이나 빽 같은 건 생각하지도 않았어

 십 년 만에 만난 형은 이제 줄 타며 산다고 한다 손목에서 거미줄이 나오지 않아 한 뭉치의 세로줄을 둘러매고 다니며 공중에서 세로줄을 타고 땅바닥으로 도망치며 산다고, 이십 층 이상 올라가면 일당이 십만 원 올라간다고

농게

몇 년째 컨베이어를 따라 무한궤도를 돌았다 한 번뿐인 생이 어디에서 발송되고 어디로 도착하는지 이리저리 던져질 때마다 깨지지 않으려면 어디에서 어떻게 포장되어야 하고 무엇을 준비해야 하는지 자주 택배 상자처럼 탑차에 실려 나갔지만 되돌아오고

동생은 외딴 포구에서 태어나 청년이 될 때까지 아버지와 단둘이 살았다 난바다로 나간 아버지가 늦는 날에는 집게다리가 몸집보다 큰 농게를 잡아 데리고 놀았다 그냥 같이 놀려고 했을 뿐인데 농게는 매번 잡히지 않으려고 죽지 않으려고 제일 중요한 집게다리를 버렸다

컨베이어도 오래 돌면 굴레를 맴도는 사람처럼 죽거나 아플 때가 있다 파이고 찢어진 벨트를 갈아 주고 굳은 관절에 기름칠을 해 주던 늦은 밤, 시간처럼 멈추는 걸 모르는 벨트가 팔을 꽉 물고 돌았고 단지 죽지 않으려고 농게처럼 팔을 버렸다

동생은 방파제에 앉아 늙은 아버지를 기다리며 어릴 때처럼 농게와 놀고 있다 방파제 바닥으로 막 떨어진 농게의 집게

다리는 시간이 흐르면 다시 돋아 몸집보다 크게 자랄 것이다

 축 늘어진 오른쪽 소매가 약한 해풍에도 바람 자루처럼 심하게 흔들린다

민달팽이

멀리 힙한 거리가 보이는 건설 현장 난간
No more dream을 흥얼거렸어

난 어른들이 가라는 길은 무조건 피해 다니지
낯선 길엔 내가 있어

오른손잡이지만 부러 왼손잡이 흉내를 내
마음이 편안한 쪽이거든

단단한 것들과 부딪치면 불꽃 튀지만
일단 부딪쳐 보는 길

아파도 행복하다면
어금니 송곳니 똥구멍도 다 뽑아 버릴 거야

집은 짐의 다른 말
단지 몸을 맡기고 찾으려 쳇바퀴 돌아야 하는

인생은 짧아, 미안하지만
지구엔 하루 아니 몇 시간밖에 살 수 없는 하루살이도 있

다지

  노을이 슬픔을 대신 태워 주고 있어
  오늘도 그냥 외딴 언덕에 누워 젖은 울음 냄새를 맡으며
인간 사육장 안쪽을 지켜볼게

  늘어진 몸피에 이슬이 내려
  별이 질 때까지 기다려야 하는데
  생각의 발이 퉁퉁 부어올라

  그래도 돌아가지 않을래

*No more dream: 방탄소년단의 데뷔곡.

말표 구두약

一
어젠 낯이 너무 무겁고 길이 낡아 너덜거렸다
달리고 싶어
말표 구두약 맥주를 골라 마셨고
비딱한 낮달을 신고 뛰었다
저무는데
목구멍까지 올라온 낯선 길 냄새
비틀거리는 바위가 내게 걸터앉아
달의 뒷면 같은 고요를 저녁 코끝에 골고루 바르고
어둠에 광택을 냈다

기울어진 신발 운반대
앞만 바라봐야 하는 신발들의 풀 죽은 코끝
오늘도 그저 그런 골목과
길 건너 빌딩의 견고한 층계를 무심히 지켜보다가
구두 수선점 밖으로 나오던 걸음이 흔들린다
푸른 질주를 잊진 않았지만
손이 발이 되도록 문질러도 제자리
겨우 벗어난 일탈이라는 게
차바퀴가 보도블록 위로 튕겨 준 돌멩이 같은 것
二 누군가 걷어차지도 않는

반짝거리지도 않는
어김없이 오늘의 발들을 구두 수선대 밖에 확 풀어놓는다
코끝 벌렁거리는데
벌판은 보이지 않고
멀리 급상승하는 승강기의 화려한 불빛
바싹 마른 구두 가죽에 달라붙은 근육들
한 번 더 웅크리는 질주

꼽등이

一 딸깍이는 한 번의 스위치 조작음
환해지는 반지하방
밝음은 참 만들기 쉽다고 생각하다가
한 끼 밥그릇을 놓치지 않으려 왼손에 힘을 준다
내일 야간 잔업은 당연히 신청해야 하고
이번 주말 특근 선택을 고민하지 않는 일,
이것은 음지의 태도
여름 한낮의 뜨거운 전등을 누군가 꺼 주었으면
더워서가 아니라 혼자라는 걸 확인하고 싶지 않아서
밝음은 어둠 다음에 번갈아 가며 오는 것일 뿐
미래를 생각해 보진 않았어
날아다닐 필요가 없어 사라진 날개처럼
꿈도 낮은 곳을 향하도록 퇴화했지
가끔 아프면 병원 대신
약 같았던 도시의 음지로 걸어 나와 헤맨다
어두운 곳에서 일할 뿐 내가 어두운 것은 아냐
무거운 걸 똑같은 자세로 반복해 들었기 때문이지 처음부터
허리가 굽어 있었던 것도 아니야
더러운 곳에 오래 머물 뿐 내가 더럽다는 것은 편견
二 자면서 걷어찬 이불을 덮어 주던

오래전 따스한 손길을 생각한다
살기 위해 잠들어야 하는 밝음과
살아 있어 머물러야 하는 어둠
오늘도 암막 커튼을 친 다음 전등을 끄면
교대근무를 시작하는 가짜 어둠

동물 재배용 비닐하우스

一 재작년 태풍에 쓰러져 멍든 기도가 작년 홍수에 떠내려갔다

환해지기 위해 투명을 지었다

무심이 쨍쨍 비치면 무시를 뿌리고 안일을 재배한다

속을 내보인다는 건
가만히 있어도
돋고 피고 지고 열매 맺는 일보다 숨차다

광합성은 아무리 연습해도 알 수 없는 먼 행성의 식사법

무료의 오후가 안부를 들여다보고
보려는 건 보이고 보지 않으려는 건 보이지 않는다

침침하지만 투명하다고 자랑하고
해 지면 어둠이 뼛속까지 밀고 들어온다

성난 여름이 괴성을 지르면 지붕이 금 가고 슬픔이 문고리를
二 꽉 잡고 천둥처럼 자지러진다

바람이 골목을 들락거리며 밤새 문을 두드리다 돌아간다

나무가 될래요 말하면서 채소가 되고 있다 오후엔 어김없이 시들고

$6CO_2 + 12H_2O \rightarrow C_6H_{12}O_6 + 6O_2 + 6H_2O$

햇볕을 어디에 내려놓을지 몰라 두리번거리다가 떨어뜨렸다

어느 날부터 불투명을 기다리는데 차디찬 칼날을 숨긴 겨울이 지나가고 옆구리 찢어진다

머릿속에 고드름 자란다

소금쟁이

 일급수가 아니라 상류층을 고집하는 내게 일상은 끝없이 돌을 던진다

 소금을 긁어모으는 소금꾼 자세지만 손바닥으로 느껴지는 파동은 매력적이다 나는 아무래도 불안을 즐기는 것 같다

 파동 마루가 더 높았으면 좋겠어 마루가 높을수록 내가 더 깊숙한 골짜기까지 추락할 수 있으니까 추락할 땐 롤러코스터처럼 맨 앞자리야

 사실 타인 실패를 먹고살아 물살이 더 드셌으면 좋겠어 빠른 물살에 떠다니는 추락의 시체를 즐기지

 타인이 내게로 빠졌을 때의 미세한 육감 그때를 놓치지 않고 들이닥쳐 쏘는 거야

 여전히 나는 시간의 덩굴손을 붙잡고 떠 있어 누군가 잘라 줄 때까지 떠내려가지 않으려 다정한 척 지구를 버티며

 멀미를 즐기는 동안 중력을 잊지 않은 수많은 당신이 나를

스치며 떠내려간다

  나도 집으로 가고 싶다

날아가자 숨겨 놓은 날개도 작고 하늘도 작지만

  파동을 벗어나려 발바닥에 힘을 줬는데 버스 기사가 나를 깨운다

사마귀

―

시간은 참 심심하고 느리게 흘렀어

손가락에 난 사마귀를 사마귀에게 먹였지

날카로운 이빨에 살점이 뜯길 때 통증이 즐거워 흥분된다고 말했어 가혹한 현실이 다치더라도 덤덤해질 수 있다고 믿었어

먹이사슬의 삼각형은 뒤집을 수 있는 게 아니었어 우리는 각자 보호색을 칠하고 그 속에 숨어 먹이를 노려보고 있어 송곳니를 갈며

눈이 수없이 늘어나고 더듬이가 길어지고 말을 잃었지 먹이사슬 꼭대기의 포식자처럼 딱딱해진 턱을 괴고 싱싱한 충동을 억누르며 말했어 억압은 욕구를 넘치게 하잖아 플로이드!

생각과 기억의 혀가 날름거리고 눈을 감을 수도 없는데 자꾸 잠은 오고 무의식이 돋아

―

오르가슴은 몰라 살기 위해 섹스를 하고 무의식을 죽이기 위해 섹스 후엔 죽여야 해 다시 돌아나지 않게 죽이고 죽이는데 죽지 않아서 죽고 싶어 수없는 내가 태어나

허공을 바라보며 짖었는데 아무도 쳐다보지 않았어

저기 이름 모를 새 한 마리 입을 벌린 채 나를 향해 날아오고 있어

기생충

一   우주의 구석, 푸른 눈 깊숙이 숨어
　　　꿈틀꿈틀 걸어가고 있으니
　　　정직한 굴종이 살아 있는 것 같습니다
　　　신은 낮고 반듯하지만
　　　이 세계의 고개는 높고 구불구불합니다
　　　바라보기만 해도 숨차요
　　　아침마다 고개 아래 같은 자리에서 멈춥니다
　　　근엄하게 내려다보고 있는 계단들
　　　우리는 매번 어제보다 조금 더 낮아져 있고
　　　질러갈 수 있는 계단 자리는 쟁취할 수도 있지만
　　　대개 태어날 때부터 정해져 있죠
　　　채찍을 들고 한 칸 한 칸 걸어 내려오는 햇볕이 도달하기 전에
　　　고개 오르길 포기하고 터널 속으로 숨어야 합니다
　　　햇볕에 약한 종족이거든요
　　　다행히 계단의 가장 아래쪽엔 영화에서 본 것처럼 터널과 연결되어 있어
　　　기어들기 쉬워요
　　　삶을 가능한 한 긴 이야기로 엮기 위해
二   미끄러운 시간의 꼬리를 어금니로 악물고

눈치채지 못하게 단단하게 묶어야 합니다
눈물 같은 걸 흘릴 수도 있어서
느닷없이 쏟아지는 걸 막으려면 가능한 한 몸을 구불구불하게 꼬는 게 안전하죠
푸른 눈 속 습윤을 빨며 꾸는 눅눅한 꿈이 익숙하기도
가끔 포기한 자신을 지켜보는 것이 즐겁기도 하고요
신께 따신 한 끼를 내미는 흉내를 내곤 하지만
똑같은 하루하루가 점액질처럼 미끈거리네요
멀리 터널 끝이 보이지만 바라보는 것으로 만족하고
그냥 여기 머물래요
긴 이야기는 어디서 잘릴지 모르지만
다시 지구라는 푸른 눈 속으로 돌아오지 않았으면 좋겠어요
당신이 눈감아 준다면
내가 제일 어두운 날
몰래 터널을 빠져나와 블랙홀 앞에 버려두고 올래요

노린재

ㅡ

　나는 노랗고 그는 파랬다 너무 파래서 무섭게 깊었다

　그와 한방에서 잤다 저만치 떨어져 누워 깊이에 관해 물었는데 대답이 무거워 방바닥으로 가라앉았다

　오래전 침묵 냄새가 났다

　냄새 때문에 뒤척이다 새벽에 일어나 집으로 와 옷을 갈아입었는데 몸에서 어눌한 냄새가 계속 났다 놀라 몸을 불리고 몇 번을 씻고 헹구고

　냄새가 계속 지워지지 않아 장마에도 우산을 쓰지 않고 걸어 다녔다 심장까지 배었는지 심장이 뛸 때마다 냄새가 혈관을 둥둥 떠다니는 것 같았다 말을 할 때도 목소리에 그 냄새가 섞여 있었다 장마 끝나면 찾아가 물어봐야겠다고 생각했다

　장마가 끝났는데 나는 그에게 가지 않고 지독한 냄새를 데리고 다닌다

ㅡ

불쑥 그가 찾아왔다 냄새가 새어 나갈까 봐 입을 꾹 다물었다

개미구멍

깊고 컴컴한 들숨의 꼬리를 악물고
터널 밖으로 나오네

왼손에 들린 안도 한 덩이와
오른손으로 꽉 잡은 두려움 두 덩이를 떨구네

갱문 앞에 분화구 둘레처럼 쌓이는 안도와 두려움
겨우 입을 연 날숨의 다리가 풀어지네

왼손으로 밀린 월세를
오른손으로 연체이자를 굴리며
다시 터널 안으로 들어가네

살면 살수록
깊어지고 휘어지는 막장
당신은 어디쯤이고
얼마나 딱딱한지

발파할 때마다 덩달아 깨졌는데
아직 깨질 게 남았는지

발파음을 따라 새어 나오는 뿌연 당신

저무는데
아직 나오지 않네

나는 엄마를 기다리던 어린 시절처럼
공터에 홀로 앉아
개미구멍을 파고 있었네

반듯한 개미

　공책 위에 개미를 올려놓고 꽁무니를 따라가며 연필로 줄을 그었다 줄은 꿈속 오솔길처럼 얽히고설켰다 개미가 공책을 벗어나지 못하게 손으로 공책 가장자리를 막으며 줄을 그었다 줄은 점점 자기들끼리 묶이고 묶여 누구도 풀 수 없을 실타래처럼 엉킨다 선생님은 칠판에 덧셈과 뺄셈의 견고한 규칙을 주입하고 계셨다

　점심을 먹고 파리를 잡아 꽁무니를 따라가며 다시 줄을 그었다 파리 등의 날개는 반쯤 뜯긴 채 떨고 있었고 선생님이 도덕에 대해 가르쳐 주셨는데 날개가 있으면 도망가기 때문에 줄을 긋기 위해서는 날개가 없어야 한다고 말하려다 그만뒀다 파리도 나도 오후 내내 공책을 벗어날 수 없었다

제2부
나는 소화되지 않는 어떤 이름을
쉬지 않고 삼키고 뱉는다

음 소거

TV 속
한 청년이 컨베이어에 끼여 파르르 떨고 있다

불쑥 화면으로 날아와 앉는 파리
앞다리를 기도하듯 비빈다

커튼 사이로 목을 삐죽 내민 창백한 그믐달

아직 죽지 않았는데
죽었다고 생각한다

근면한 모기

一 네가 물었다

음침하고 비탈지고 약하고 까진 곳만 물었다

물고 찌르고 또 물어서 죽음의 뿌리까지 가려웠다 이 가려운 절망을 더는 참지 못할 것 같았다

긁었다 긁으면 긁을수록 부풀어 오르고 피가 솟구쳤다

나는 밤마다 술을 약으로 마셨다 부기는 가라앉지 않고 네가 물고 있다는 것도 잊고 잠깐씩 기억이 죽고 살기를 반복했다

더 이상 물지 않았으면 좋겠는데 수십 년째 네가 계속 물었고 나는 계속 긁었다 살아 있는 내가 땅에 묻히고 껍데기가 봉분처럼 부풀어 올랐다

왜 물기만 하는지 내가 물었다 무얼 긁고 있는지 네가 물었다 서로 묻기만 하고 답하지 않았다 우리는 멈추는 걸 잊은 것 같았다 아니 멈추는 걸 몰랐다

굴욕의 사타구니를 손바닥으로 닦아 내다가 홍건하고 붉은 널 움켜잡았다 놓치지 않으려고 목덜밀 잡아 비틀었다 아직 나는 컴컴하고 아침은 아득하다

널 가만히 쳐다보고 있는데 괴롭히려는 게 아니라 배가 고팠을 뿐이라고 네가 말한다

모기가 밥 먹은 자리는 가렵다

신림동

비 개고 지렁이가 지상으로 나오는 건
일광욕을 위해서가 아니라
땅속이 침수되어 숨을 쉴 수 없어서이다

 폭우는 권력처럼 약한 곳만 집중하고
 죽어서도 십 리를 떠돌아야 하는 주검이 있고 어떤 주검은 고장 난 인공위성처럼 어디까지 갔는지 알 수 없었다

 지하로 스며든 패자는 승자의 독식을 그냥 바라보고만 있어야 한다고 지렁이 한 마리 맨홀 뚜껑 옆에서 버둥대며 몸으로 말한다

 왜 대피하지 못했나 왜 지하에 살았나, 라고
 어떤 사람이 세 식구의 주검이 실려 나간 반지하방 지상 창가에 앉아 말한다
 한 번도 낮은 곳으로 내려와 본 적 없는 자가 인자한 척 눈을 깜박이며

 한번 침수된 슬픔은 아무리 닦아도 벽지 얼룩처럼 지워지지 않고

눅눅한 두려움의 이면까지 번지는 곰팡이

이 세상 습윤은 약자가 끝까지 짊어지도록 맡겨졌는지
여전히 반지하방을 빠져나가지 못한 채 닫힌 방문 뒷면에
자국으로 남아 있는 울음

그나저나 누가 지하에 저렇게 많은 방을 만든 걸까

어김없이 저무는 맨홀 뚜껑 위
힘겹게 지하를 벗어났지만 바싹 말라 있는 지렁이 한 마리

지구를 굴리는 쇠똥구리

집채 같은 폐지 더미를 굴리고 간다

엇갈리게 한 발 한 발 디디며 지구를 굴리는 두 발
마주 보며 뒤따라오는 두 바퀴

영원히 만날 수 없을 것 같은
저 평행한 두 발과 두 바퀴

낮은 과속방지턱에 걸려도
버둥거리는 공전과 자전
뒷걸음질하고 심호흡한 다음
내달려야 간신히 넘을 수 있는 서녘
잠시 멈췄던 우주가 다시 구른다

폐지 1킬로그램에 120원
오늘의 무게 9,960원

비탈진 골목에 빈 리어카 서 있고
쪽방 문 앞 골목 바닥에 벗어 놓은
털신 한 켤레

리어카 바퀴가 지켜보는
블랙홀 입구 같은 쪽방 문 틈새

어느 행성쯤일까

물방개

오늘도 연못이 눈뜨고 있어
돌 던지면 깨졌다가 금방 붙어 버리는 충혈된 눈동자

어릴 적 물방개 잡으러 함께 연못에 놀러 갔다가
빠져나오지 못한 친구가 있었지

끝나지 않던 꿈속 물수제비처럼
연못은 모르는 사람들의 발자국으로 가득해

사람에게 빠져 본 적 있어
어떤 사람은 얼마나 깊은지
아무리 다리를 뻗어도 바닥에 닿지 않아

우리는 옆 사람을 어디엔가 빠뜨리며 살아가지

물속엔 수많은 눈이 떠다녀
꽉 잡아도 손아귀를 빠져나가는

여긴 너무 깊어서가 아니라
아무도 말을 걸어오지 않는 게 무서워

언젠가 깊이는 바닥의 다른 말이라고 누가 말했어

겨우 빠져나왔다고 생각했는데
아직 인파 속에서 허우적거리고 있어

몸에서 물풀 냄새가 나

너는 점점 희미해지는데
함께 불렀던 노래가 둑을 걷고 있어

신발 벗고 다시 들어갈까
연못 눈을 와장창 깨 버리게

땅거미

一

사람들은 늘 축축했지만 젖지 않았다고 우기며 살았다

사는 게 길이 되는지 몸에 구비가 생기는지도 몰랐다

젖지 않으려 애쓰는 동안 서로를 못 본 척하는 게 힘들었다
비좁고 질척이고 복잡하지만 엉키지 않았다

가끔 서로의 아픈 어깨 같은 걸 뭉개며 버티기도 하고 자고 나면 아무렇지 않게 마주 보고 웃었다

맞닥뜨린 바위는 예상대로 깨지거나 뚫리지 않았다 멀리 돌아 나오며 그냥 뭔가를 따라간다는 게 너무 싫어 도망치기도 했지만 금세 길이 되어 있었다

밤 혓바닥이 날름거리면 길 밖으로 나와 쏘다녔다 비 오면 맨바닥에 드러눕기도 했는데 늘 따라다니던 네가 모르는 곳으로 떠내려갔다

길 위에 태어나 거기에서 죽는다는 말이 지루했다 우리가 길 위를 걷는 게 아니라 길이 우리를 밟고 지나갔다

二

덮어 놓은 흰 천 사이로 얼굴이 보였지만 누군지 알 수 없었다

나는 소화되지 않는 어떤 이름을 쉬지 않고 삼키고 뱉는다

인간 채집

　호랑나비 대신 몸통을 잡고 있던 검지를 주사기 바늘로 찌른다

　이번엔 어떤 순간을 찔렀을까

　피가 난다

　몸속으로 파고드는 과산화수소수, 버둥대다 굳는 허밍

　오늘도 모두 날개 있는 것만 골라잡는다 마지막 이륙이 부패하지 않도록 순간을 찌른다

　파르르, 내게 날개를 부탁하면서 날갯짓을 멈춘다 주름진 몸통을 가로질러 채집 바늘을 꽂고 사각 채집 박스에 날개를 가지런히 고정한다

　캄캄해지면 나를 채집하기 위해 사각 방에 눕는다

　보꾹 열리고 날개 쏟아진다

겨드랑이 간질거리고 날개 돋는다 곧 날 수 있을 것만 같다가 보지 못한 높이와 거리를 가지게 되면 다시 돌아오지 말아야지……

저 별까지 가자고 날개에게 소리친다 목이 쉴 때까지 소리쳤지만 움직이지 않는 날개

추락은 아프지 않았다
별은 썩을 기미 없고

동물 채집 메모장

◦ 준비물
채집통, 해머, 식칼, 손도끼, 양궁, M16 소총, 수갑, 밧줄, 담배, 소주, 채집 바늘, 핀셋, 포충망, 질식제, 방부제, 나프탈렌, 과산화수소 등

◦ 채집통 선정 시 고려 사항
−채집통은 돌려 가며 성장 상태를 확인할 수 있도록 행성처럼 둥글 것
−다양한 종족의 생존을 위해 땅과 물이 적당한 비율로 존재할 것
−기후와 지형에 따른 성장 상태를 알 수 있도록 위도와 경도를 그어 놓을 것
−안정적인 생장을 위해 하루에 한 바퀴씩 돌려 주고 적절한 어둠과 밝기로 활동과 휴식을 보장할 수 있을 것
−생육 상태를 확인할 수 있도록 봄, 여름, 가을이 있고, 몇 년산인지를 표시하는 나이테가 만들어지도록 겨울이 있을 것

◦ 표본 고정 방법 예시
−의붓딸을 12년간 성폭행한 아비의 거기에 채집 바늘을 꽂는다

－순직한 자식의 목숨값을 받으려 20년 만에 나타난 어미의 다리에 채집 바늘을 꽂는다
 －평생 어미를 구타 갈취한 아비의 손목에 채집 바늘을 꽂는다
 －믿음의 말로 가스라이팅한 인면수심 목사의 입에 채집 바늘을 꽂는다

 ◦ 기타 주의 사항
 －표본은 탈출할 수 없도록 가급적 잡자마자 다리는 부러뜨릴 것
 －미기록종 표본이나 반항 시 해머 식칼 양궁 소총을 사용할 것
 －가능한 한 오래 살려 놓을 것

칠성무당벌레

우리는 날고 싶었고
그때마다 오토바이를 탔다

덜컹대며 가로지르던 비포장도로
길의 끝까지 가고 싶었고
빨리 어른이 되고 싶었다

속도를 아무리 높여도 뜨지 않았고
길은 끝이 없지만
갈 수 있는 길은 끝이 있다는 걸

헬멧을 쓰지 않은 친구는
어른이 되지 못했다

더는 부르고 싶지 않을 때까지 이름을 되뇌며
지금껏 쓰고 있던 빨간 무게를 벗는다

풀잎이 쓰고 있는 작고 붉은 헬멧
가만히 들여다보면 살아 있는 속도들
거기에 오래전 바라보던 북두칠성 떠 있다

질주를 태워 보내기 위해
딱지날개 안쪽에 숨겨 둔 속날개 펼칠 때를 기다린다

멈춰 있는 건 없고
날개 없이도 해마다 날아오르는

돈벌레

― 눈뜨면 숫자가 먼저 일어나 있다 숫자는 나를 한번 안아 주고 문을 열고 나간다

문 앞에 기다리고 있던 숫자는 내가 자전거를 타면 뒷자리에 앉고 버스를 타면 옆자리에 앉는다

숫자가 점점 바싹 달라붙는다 그럴 때마다 나는 숫자를 떼 멀리 던진다

돌아서면 금방 숫자는 제자리로 돌아와 있다 누군가 숫자를 데려갔으면 좋겠다

내가 떠나는 게 빨랐다

한동안 나는 마음을 펴고 걷는다 머릿속에 남아 있는 숫자를 지우기 위해 머리를 자주 감는 버릇이 생겼다

숫자는 싫었지만 필요하고 계속 생각난다 밥 먹을 때는 생각나지 않았으면 좋겠다

―

언젠가부터 주사위가 주머니 속에 들어 있다 손가락으로 만지작거리다가 아무도 없으면 꺼내어 던진다

어차피 아플 거니까 더 아파하라고 가능한 한 높게 던진다 억지로라도 춤추는 자세로 신나게 하나 둘 셋 숫자는 많으면 많을수록 좋잖아 큰 소리로 넷 다섯 여섯

이제 집으로 가야 하는데 7016번 버스는 어떻게 던지면 조합할 수 있을까?

바퀴

한 번도 본 적 없습니다
옆집으로 이사 온 사람

물소리 들립니다
서로가 버린 오물만 하수구에서 만나 섞입니다

오랜만에 맨홀 뚜껑에서
가장 오래된 이웃을 만났습니다

인간보다 공룡보다도 먼저
이곳에 정착한

그림자를 모릅니다

그의 이름은
굴리려고 둥글게 만든 물건과 같은 이름

인간은 항상 뭔가를 쫓아 뛰려 하고
그는 시간을 매만지며 구르듯 기어가고

인간은 계속 변하는데
그는 3억 5천만 년 전 그대로

인간은 언제나 높은 곳을 쫓아 올라가고
그는 한 번도 중력을 거역하지 않는 습윤을 따라갑니다

그는 언젠가
우리를 이웃으로 만날 수 없을지도 모릅니다

그래도 굴러갈 것입니다

뱀

一

  딱따구리가 몇 해 전 죽은 사과나무를 봄 내내 깨운다

  죽도록 구멍을 파는 생이 있고 구멍에 숨어야 사는 생이 있다

  총알처럼 달린다 가죽을 뚫고 뼈 사이를 지나면 심장이 나오고 다시 뼈와 가죽을 통과하면 바깥이므로 여기서 멈춰야 막힌 구멍으로 남을 수 있다

  일단 구멍이 생기고 그 속에 들어가기만 하면 무엇이든 모른다고 말하는 욕망, 들킬까 최대한 영혼을 똬리 틀고 어금니 드러나지 않게 생각을 꽉 다문다

  아무리 졸라도 죽은 사과나무는 꽃을 피울 수 없고 사과를 달지 못하는데

  안쪽 깊숙이 독 오른 절망과 의심이 구멍을 뒤지고 있다

  죽은 사과나무가 언덕을 지키고 있고 바람은 달이 매달린 가지를 끊임없이 흔들며 생사를 확인하고 지난다

二

사과나무가 살아 있어야 처음으로 돌아갈 수 있는 걸까

구멍 속엔 정말 아무것도 없고

왜 구멍을 파면 메우지 않는지

오징어

一

　가면을 쓰고 너를 데려왔어 함부로 잠들지도 편하게 깨어 나지도 못하는 운동장으로

　눈뜨고 감는 일 잠들고 깨는 일 모두 흥정이고 게임의 일부 사람은 그냥 믿는 거야

　정신 차려요 내가 날 믿지 않는데

　그는 예고 없이 오는 게 정석이다 온다는 전갈 없이 마중할 시간도 없이 게임은 믿고 떠나는 게 이기는 거야 이런 말을 하던 너에게 그가 왔다 활활 타오르는 화장(火葬)은 이목구비 가 뚜렷하고 아름다웠다

　그가 오고 한참 후에 그는 누군가를 데려가는 게 아니라 그냥 혼자 되돌아갔다고 생각했다

　그가 오고도 내게 네가 남았기 때문에 나는 남아 있는 너 와 함께 지나온 길을 오래 걸었다 둘이 걸었는데 한 사람 발 자국만 남았다 갈림길에서 가 보지 못한 길로 들어가 보고 싶 었지만 너는 따라오지 못했다 너는 이미 그가 왔기에 가 보지

二

못한 곳으론 따라오지 못하는 건가

  믿지 않기 때문에 게임은 끝나지 않는다 아주 잠깐만 그가 다시 왔다 갔으면

  낯선 골목으로 그가 지나간다 다리가 많은 생각은 따라가지 못하고 우물쭈물하다가 주저앉는다

  가면은 끝까지 벗겨지지 않고

늑대

내가 몰면
염소들이 흩어진다
늑대다!
소리치면 염소들이 모이고
그냥 두면
보이지 않고 울음소리만 자욱한
늑대 오는 곳으로 가자고
번갈아 가며 쫓아와 조르는 염소
목줄을 단단히 잡고
방울 소리를 놓치지 않으려 귀를 세운다
울타리를 무너뜨리고
축사를 부수고
염소를 숨기기 위해
동굴을 판다
좁고 깊숙하게
되돌아 나올 수 없는 곳까지
딱딱한 어둠을 긁어 한 마리 한 마리 새겨 넣는데
염소들은 자꾸 태어나고
홀로 대문 밖을 두리번거리다가
비 맞으며

골목을 빠져나가는 늑대
방 안엔 염소가 가득하다

나방

건강한 102세 어미가 야윈 팔십 대 딸의 손에 이끌려 요양원에 맡겨졌다

어둠을 몰고 와 창가에 앉은 불나방

아빠노 약을 주지 말라는 딸의 말을 엿듣고 파닥인다

낮 동안 조용하던 어미
난다

제3부
두드리면 조금 가벼워지는 슬픔이
납작해지고 있다

용접봉

 몇 년 전 블록 조립장에서 추락했던 그가 빈 뗏목처럼 선박 수리소로 떠내려왔다
 야윈 시간의 주름을 따라 절망이 아무렇게 꿰매진 얼굴, 호랑거미가 거미줄에 맺힌 이슬에 골몰하는 동안 산소절단기의 푸른 화염이 H빔의 목을 베고 숨어 있는 어둠 찌꺼기를 일일이 찾아내 태운다 추락하는 쇳조각이 비명을 지를 때마다 지병이 벌떡 일어나 황급히 땅바닥으로 추락한다 오전의 움츠린 내장이 가열과 냉각을 반복하는 동안 철골은 불꽃을 먹고 무럭무럭 자라고 용접봉의 꼿꼿한 몸이 쉴 새 없이 꽃을 뱉는다 멀리 볼 수 없어서가 아니라 호랑거미처럼 멀리 보지 않을 뿐이다 해가 정수리를 건너 이글거리자 버티고 있던 경추의 수직이 둥글게 말린다 문득 용접으로도 달라붙지 않는 이종 금속처럼 버석거리는 울음, 망치로 두드려도 벗겨지지 않는 기억의 녹은 견고하다 하루도 연습으로 살 수 없었고 몸을 태우며 지는 뜨거운 꽃, 살기 위해 매일 피고 필 때마다 척추 녹아내리는

망루

一
형은 비탈에서 다시 비탈을 오르며 산다
비스듬히 허공에 기댈 수 있어
비탈이 좋을 때도 있지만
하루를 끝내고 비탈에 올라서면
다시 올라야 하는 벼랑들
푸른 하늘과 닿아 있어 언덕 같지만
살아 낼수록 가팔라지는 각도가 있어
기울기만큼 울음도 기우뚱해지고
조금만 방심해도 쏟아지거나 무너져
불현듯 깔릴 수 있다
때론 걱정 많은 어미가 찾아올 때
좁은 비탈길에서 마음이 추락하지 않고 비켜서려면
허공에 대고 못질해야 한다
비탈이지만 수직으로 키 크는 대문 앞 연탄재처럼
꼿꼿하게 안녕을 키우는 깊은 밤
눈물이 얼지 않게
헌 옷 입은 십이월의 수도꼭지처럼 버텨야
꿈에서라도 잠시 비탈을 벗어날 수 있다
비탈을 데운 연탄이 연탄재로 내려가야 하듯
二
해 뜨면 올라온 것들은 모두 내려가야 하고

나락으로 굴러떨어지지 않으려면
가느다란 생의 막대를 짚고 한 발 한 발 디뎌야 한다
비탈 앞에 모르는 콘크리트 욕망이 자꾸 생겨나고
사방이 절벽으로 바뀌는데
꿋꿋하게 버티는 작은 망루가 육교를 건너고 있다

울음을 망치질하다

一 평화시장 뒷골목을 헤매다가 숨찬 바람
창신동 오르막 허름한 골목에서 주저앉고
뒤따라온 늙은 아비의 걸음에 술 냄새가 났다
지난 한 달을 납품하고 돌아온 오른쪽 어깨는
여전히 무언가 매달려 있어
비탈보다 더 비탈져 있고

탁. 탁. 탁.
고무망치 소리
수척한 골목을 깨우면
길 건너 수선집 재봉틀이 촘촘하게 오늘을 꿰매고
심술궂은 오토바이 수시로 찾아와 시간을 뜯어 놓는다
좀체 풀릴 기미 없는 영하의 담벼락에 그려진 복사꽃
돌아올 수 없는 자가 두고 간 봄처럼
일 년 내내 피어 있고

몸뚱이만 가지고 태어나서
무언가 담을 수 있는 가방 만드는 일을 시작했다며
연신 가죽을 자르고 두드리고 꿰맨다
二 매일 하는 일이지만, 삶처럼

칼끝은 언제나 약한 자를 겨누고 있어
내피까지 푹 찢어지지 않으려면
손가락도 부릅떠야 한다

폐쇄된 공장에 설치한 바리케이드도 망루도
숨겨 주거나 지켜 줄 가방은 될 수 없었다
지난밤 들소 떼 울음소리 속
죽은 아들의 절규가 섞여 있었을까
새벽부터 소가죽을 넓게 자르고, 이제라도
아들을 숨기려는지 주머니 깊은 가방을 만든다

눈금자를 아무도 모를 세상 깊숙이 밀어 넣고
견뎌 온 거리와 남아 있는 거리를 재단하고
가늠할 수 없는 슬픔의 눈금이 뭉개질 때까지
울음을 망치질한다
양각이 음각으로
음각이 마음속 문신으로 새겨지고
두드리면 조금 가벼워지는 슬픔이 납작해지고 있다

컨베이어

一 어디로 가야 할까
가야 한다는 건
길이 있기 때문이라고 말하고 싶었지만
길이라니,
그냥 여기에 와 있을 뿐

맴돌기만 하면서
가고 있다고 생각하는 생의 담장 안쪽
무수히 쌓인 뒤꿈치가 가만히 나를 지켜본다

빠져나가는 오늘의 발목을 놓치고
다가오는 내일의 손등을 잡을 때
목 조르는 사나운 출발

가만두어도 모든 게 제자리로 돌아온다는데
떠날 필요가 있을까
버릇처럼 오늘의 분량을 태워 보내지만
쉼 없이 되돌아오는

二 김 과장은 불량이 너무 많다고 했고

다음 공정의 김 씨가 오늘도 출근하지 않았다

얼마나 돌고 돌아야
저절로 저편에 운반되는지

비상정지 스위치의 위치를 잘 알고 있지만
막상 꺼진다는 게 막막하고
누를 용기는,

끼니의 무한궤도
납작 엎드린 채 돌아가고

맴도는 백 년은 어차피 하루와 같다고 말했던
김 씨가 영정 사진 속에서 웃고 있다

압력계

―

밤새 풍선을 불다가 깬 아침
입을 열 때마다 가스 새는 소리가 난다

농구공 튕기듯
구부린 채 이 세계를 빠르게 던지고 받는다

오늘도 긴장해야 살아남을 수 있다는 말을 되뇌어야 했는데
깜박 잊는다

기름걸레로 팽팽한 풍경을 닦는다, 울퉁불퉁하고
얼룩이 지워지지 않는다
손아귀에 힘을 주고 있는데

이유 없는 누설처럼 아무것도 보이지 않았지만
선명해지는 징후

한동안
땀과 눈물을 닦는 대신
이슬 털듯 머리를 흔들었다

―

매일 임계점이 다른데 탱크 표면에 비친 흐릿한 탈출에게
좀 더 참아 달라고 했다

압력은 조금씩 오르내리다가 유지되고
한동안 잊고 지냈다
안쪽 곁을 열고 내려가면 끓고 있었는데

폭발점을 향해 돌아가는 지시침을 눈으로 꽉 붙잡고 버틸 때
계기 창에 비친 오래전 다정

참지 않아도 돼
참지 않아도 돼

계속 말을 걸어온다

되새김질
― 어느 노동자의 분신

一

영정 속
두 눈이 타오르는 불길을 보고 있다

감았다 떴는데
노을을 등진 소처럼 꼼짝 않고 서 있다

참았으면 됐는데
한 번 더 참는 것쯤이야 쉬웠는데

당신을 삼키려면
우물거리면 된다

하던 대로 하면 된다
소의 몸짓으로

아침마다 자신을 모르는 곳에 매어 놓고
가까이보다 먼 데를

해가 넘어가는 곳을 바라보고 있으면 된다
소를 몰듯 뚜벅뚜벅 자신을 몰며

二

양쪽 눈을 걸레처럼 움켜잡고 물기를 쥐어짜 내고
불의 뿌리를 씹듯 계속 우물거리면 된다

눈 속 어두운 호숫가
누군가 움직인다

눈으로 삼킨 것은
가슴으로 오래 우물거려야 한다

전태일과의 한 끼

어린 시다들에게 풀빵을 사 주고
자주 끼니를 거르던
오래전 당신과 마주 앉아
비빔밥을 먹는다

핏기 없는 아득한 당신의 입술에
고추장 묻을 때
조금 생기가 도는 것 같아
고추장을 한 숟가락 더 집어넣어 비빈다

당신 안에는
섞이지 않았던 어제가
섞을 수 없는 내일이 있었지만
모른 척 숟가락을 푹 찔러 넣고
어제와 내일을 번갈아 가며 뒤집는다

비비면 풀어지는 한숨과
비벼 놓으면
빤히 쳐다보고 있는 오늘
당신은 아무 말 없이 씹는다

여전히 그 자리에 있는 당신과
아직은 오지 않은 당신의 세상을
덩그러니 두고 돌아가는데
평화시장 앞 버들다리가 나를 세워 두고
노을 한 주걱 떠 와 비빈다

내 눈가가 빨개지기 전에
서둘러 어두워지는 당신

전기공

一 　새끼들의 재잘거림 딛고
　　날아오르는 한 마리 새

　　사는 게 올라가는 일이라는 듯
　　철탑을 오르는 한 사람

　　살아 있어
　　누구나 하나쯤 가져야 하는
　　저 높이

　　문득 정지하고 싶어 내려다보면
　　입 벌리고 있는 아득한 절망

　　새 발이 밀어낸 미동에 떨리는 철탑과
　　피덕이는 허공의 아픈 관절

　　땅바닥으로 힘겹게 발을 내려놓는 한 사람
　　연이어 내려앉는 한 마리 새

二 　내려앉을 때

더 퍼덕이는 높이들

철탑 꼭대기
감전되는 이만 이천 볼트의 아우성

영등포 표류기

뱃전처럼 흔들리는
새벽 쪽방촌은 난파선
해 뜨면 빈 뱃속에 뭐라도 채워 넣으려는 갈매기인 양
무료 급식소로 모두 떠나는
구조 신호조차 들어 줄 사람 없는
빈 **포구**

아직 익숙하지 않은 골목 입구
영등포도 예전엔 포구였다고 중얼거리며
담장 아래 핀 달개비 꽃잎 뜯어
하수구 틈으로 꽃잎 쪽배를 연신 띄운다
깨진 블록에 쪼그려 앉아 쉼 없이 자신을 저으며
건너편 지붕 위 안테나의 전파 반경 안쪽에 부러 갇히고
모든 걸 앗아 간 난바다를 벗어났지만
파도가 멈추질 않는 몸피

손을 내밀며 인사를 건네자
사내는 뱃놈이었다고 묻지도 않은 대답을 하고
잠깐씩 눈이 마주칠 때마다
얼굴에 난바다를 펼친다

고장 난 가로등 아래 등대인 양 앉아
조난은 매혹적이라고
너울처럼 섬처럼 출렁이며
가야 할 포구가 있고
나침판을 잃어 잠시 표류하는 거라고

양말을 빨아 쪽창에 널어놓자
서둘러 저무는 쪽방
사내가 라면 냄비를 발가락으로 잡고
휘젓는 사이
별똥별이 양말 끝을 툭 치고 지난다

백혈병

一

당신의 새 거처
하늘은 저편의 파란 클린룸
저기에도 세정실이 있는지
웨이퍼 같은 낮달 떠 있고
당신은 거기서도 반도체를 씻겨 주는지
수시로 뭉게구름 부풀고
백혈구 많아진 피처럼
느닷없이 하얘지는, 슬픔
닦을 게 없어졌으면
더는 닦을 필요가 없기를

비 온다

당신은 병실에 누워
0과 1을 중얼거리며
깜박이는 앰뷸런스 경광등 점등 박자에 맞춰
저편 스위치를 수없이 눌렀다
지구도 웨이퍼도 둥글고 꿈도 둥글던
하루가 끝도 없이 둥글게 굴러 돌아가던

二 오래전 올랐던 산 이름이 가물가물한데

염산 불산 황산 모르던 산의 순서를 외우다
독한 산과 오르던 산이 엎질러져 섞이고
아픈 배를 문지르듯
독성 세정액으로 말끔하게 닦아 주면
웨이퍼는 타인처럼 반질거렸다
그때마다 꿈속 얼굴엔 매번 눈썹 지워지고
흐릿하게 식각되던 생각의 뼈
전기가 흐를 수도 흐르지 않을 수도 있는 반도체처럼
눈물이 흐를 수도 눈물을 잊을 수도 있는

망월동

묘지 화병에 빨강을 꽂았다

비가 왔다

거울 앞에 기우뚱하게 앉은 내가 오른쪽 왼쪽으로 번갈아 가며 가르마를 타다가 헝클어뜨린다

오래전 죽은 형이 내 거울로 들어와 오른쪽으로 한참 빗질을 하고 나간다

나는 가위를 들고 오른쪽 콧수염을 다듬고 도루코 면도기로 왼쪽 콧수염을 깎더니 왼쪽 턱수염을 다듬고 오른쪽 턱수염을 깎는다

영정 사진까지 노을이 들이치자 형이 거울로 들어와 콧수염과 턱수염을 모두 말끔하게 깎고 나간다

면도날을 갈았다

하얀 세면기가 붉게 핀다

점점 꽃들이 만발해지고

소나기 쏟아지고
꽃잎 떠내려간다

꽃은 내년에도 필 것이다

전봉준 마지막 길

一 창백한 들녘이었다
바람이 마른 잡초를 뒤적이며 걸음 배우고
텃새도 까무룩 추락하던 길
걸음마다 억새 꺾어 표시해 두고 싶었지만
주먹을 움켜쥔 채
돌아오지 않기 위해
지워지는 흔적이 되지 않기 위해 걸었다
땅바닥에 끌리는 무명 바짓단이 전하는 마지막 당부
오솔길이 사그락사그락 받아 적고
적어 놓은 당부가 지워지지 않고 스며들도록
눈이 내려 쌓이고
샛강은 차갑고 단단하게 입을 다물었다
다만 길과 흔적 사이는 아득해서
그저 이별이라 부를밖에
한번 생긴 길은 누군가의 걸음이 되어 주기에
길이 될 때까지
앉지도 되돌아보지도 않고
민초를 가엾이 응시하는 낮달 같은 얼굴이었다
두고 온 자식의 먼 눈인사가
二 동진강 휘돌아 나갈 때

쓸쓸한 짚가리 뒤로 울음 숨기고
공평이 익을 때까지
부릅뜨고 지켜봤던 것처럼
길이 잠들지 않게
억지로 눈을 크게 벌리는 들녘이었다

맥도날드 할머니

창가에 앉아 검지로 어두운 창문을 또박또박 누르는
당신을 본 적 있다

자동차 전조등이 달구는 격자형 거리가 패치처럼 익어 가고
솎아 낸 싱싱한 과거가 빌딩 사이에 포개지고

신호등과 신호등 사이
잃지 않기 위해 깜박일 때마다 되뇌는 이름

건널목에 그어진 흰 줄과 흰 줄 사이
건너지 않고 망설인 버겁고 아득한 간격

벤치에 앉은 사람과
멀리서 뒷모습을 바라보는 사람 사이

검은 소스에 섞이는 별과
구름을 먹고 있는 달 사이

억지로 씹는 밤의 물렁뼈와
잊지 않고 오는 통증 사이

죽음으로 가는 것과
죽은 것 사이

키오스크 앞에서 검지를 들고 머뭇거리는
나와
당신 사이

---

*맥도날드 할머니: 2010년 전후 서울 정동 및 종로 일대에서 오랜 기간 노숙하다 숨진 인텔리 할머니.

못

一   남산 아래 비탈
     골목에 박혀 있다

     어떤 형벌일까

     아직도 빠져나가지 못한
     젖은 호흡들
     무지개 쪽으로 뒤꿈치 세운다

     눈과 입이 지워지는 줄도 모르고
     비 맞으며

     빠져나온 자리로 와락 쏟아질까 봐
     뽑을 수도 없는

     눈물 훔치는 손등에서
     울음 속까지
     박혀 있는지

二   녹물 새어 나오는

이승의 붉게 엉킨 골목과 골목

뽑을 수 없다면
차라리 더 깊게 못질하자

저 무지개까지

손가락 뭉개질 때까지

비정규직

 김 토끼는 달리기를 잘하고 박 거북은 수영을 잘한다 사람들은 내키지 않은 달리기와 애초부터 불가능한 달리기를 앞뒤로 줄 세우고 열광한다 재미있으려면 김 토끼가 중간에 잠들어야 하고 교훈까지 덤으로 챙기려면 느린 박 거북이 반드시 이겨야 한다 비겁하지만 선량한 김 토끼는 교훈이 무너지지 않도록 억지로 달리고 잠든 척했다

 희망이 뛰어왔다 내가 기다리는 곳까지 헉헉거리며 희망은 내게 바통을 넘기고는 멈췄다 나는 바통을 왼손으로 받았지만 누군가 지켜보는 것 같아 오른손으로 옮기고 놓치지 않으려 꽉 잡았다 뛰면 뛸수록 바통은 점점 무겁고 미끄럽고 뜨겁거나 차가웠다 바통을 뒷주머니에 욱여넣고 뛰어봤지만 불편했다 나는 아무래도 바통을 전해 줄 희망에게로 뛰어갈 수 없을 것 같다 거꾸로 바통을 받을 희망이 내게로 뛰어왔으면 좋겠다고 생각했다 둘러보니 아무도 보이지 않아 바통을 관중석에 몰래 버렸다

 깨지는 소리 들린다 여태 보이지 않던 사람들이 웃고 있다

거리의 야옹

걷고 있었지만 달린다고 중얼거린다
쫓기듯 뒤돌아보며
모르는 곳으로
똑같은 길이 반복되지만
어디인지 알 수 없는

꽃잎 날릴 때를 꽃 피는 중이라고 우기는
장맛비가 눈물 흉내 내고
밟히지 않으려 날리는 낙엽
왜 눈은 매번 흰색일까

멈추는 걸 몰랐다

모르는 사람과 모르는 얘기를
둘만이 아는 것처럼 나눴고
계속 모르고 싶었다
끝까지 몰랐지만

잊히지는 않는다

앞쪽만 보고 있다
비명을 지르며 차창으로 달라붙는 다정
빨라서
실루엣을 정확하게 알 수 없고
확인할 생각도 않고
멀어지는 뒷모습을 부러 놓치는

속도가 변명의 목덜미를 움켜쥐고
질질 끌려가는 피투성이 풍경
바닥에 낭자한 계절의 자국들

멈출 겨를이 없다

모르는 곳의 안쪽에 곧 도착할 것이다
여기서는 멈출 수 있을지
바싹 달라붙은 전생의 경음기 소리
멈춰야 하는데

처음부터 닿을 곳은 정해져 있었는데
늘어날 것이라는 수명의 정면으로 들이덮치는 속도

낯선 나들목 바닥
죽지 않은 내가 납작하게 달라붙어 있는

제4부
아무리 세게 마음을 잠가도
새는 게 많았다

오늘의 날씨

함께 입원한 남편을 먼저 저세상으로 보낸 여자가 운다
시신을 화장한다는데
마지막 얼굴도 볼 수 없다며……

오늘의 확진자 438명
사망자 3명
자가 격리 해제 47명

저녁이 빨갛게 감염되는 창밖
가지 끝에서 잎자루를 악물고 버티는 나뭇잎

마두금

一
　　황사가
　　사막을 흉내 내고 있다

　　되돌아가더라도
　　찾을 수 없는 골목과 집

　　언덕 위 보육원은
　　사막 신기루 같다

　　엄마를
　　불렀는데

　　노을이 아이를 안고
　　해 지는 고개를 올라간다

　　낙타의 눈망울 같은
　　말간 어린 울음

　　한 번도
一　젖을 물어 본 적 없는

가로등이 저녁 머리칼을 움켜잡고
부풀어 젖몸살하는 언덕

*마두금: 몽골의 현악기로 어미 낙타가 새끼 낙타에게 젖을 물리지 않을 때 연주한다고 함.

손목시계
― 우크라이나

一 포격 멈춘 부서진 창고 모퉁이
    소년 눈에 기대어 웅크린 어둠

    공포가 번쩍이며 하얗게 웃고
    뱉어 낸 울음 잘린 다리 옆에서 자지러지고

    광선은 어둠을 밝히는 게 아니라
    한 번은 죽음을 실행하고
    다시 한 번은 죽음을 확인하고

    조준하지 않아도
    명중되는 슬픔

    부들거리다 웅얼거리는 그림자
    깡마른 침묵

    벽돌과 벽돌 사이 줄눈처럼 포로가 된 붉은 눈
    끝없이 폭발하는 귀

二 장난감 대신 포탄 파편을 줍는 어린 손

지구는 잠시도 멈추질 않고
흰 눈에 찍힌 죽은 자의 선명한 발자국

죽은 자의 손목시계 속
아직 살아 있는 시간
그리고

저 눈 녹아
발자국 지워지면
돌아올 수 없는 자의 두고 간 시간은

핼러윈

―   내가 여기에 온 걸
    나도 몰랐어

    잃어버린 게 있었을 거야

    어디에서 왔는지를 생각하고 있었을 뿐
    어디로 나가야 하는지는 생각해 보진 않았어

    바스락거리는 너는 누구인가

    아직 너를 만나고 싶지 않고
    다시는 가면을 벗을 수 없을 것 같아

    내가 너무 골목이어서
    골목을 빠져나올 수 없었어

    선명하고 무수한 맥박
    꾸겨지는 눈빛과 비좁은 울음

―   손을 뻗었는데

아무도 잡아 주지 않고
잡을 것도 없고

어떤 영혼은 그곳으로 가지 않는다고 하던데
그냥 여기에 있으려고 해

내가 진짜 죽는 걸 지켜봐야 하고
죽어도 가면을 벗지 않을 못된 영혼의 가면을 벗겨야 하거든

그런데 여기가 어디야

1987

一

자정 지나면 무거워지던 1987년 안개
어디서 오고 가는지
의문을 품지 않던 나날
안개 속에 숨고도
안개가 아니라고 우겼고
불빛이 필요했다
촛불을 가운데에 두고 둘러앉아
저마다의 밝기로 읽었다
무엇도 보이지 않았지만
보이지 않는다고 누구도 말하지 않았다

철창으로 기어든 사다리꼴 햇살
도끼처럼 시간을 쪼개고
너는 반복해서 주먹을 내고
나도 반복해서 주먹을 냈다
너와 내가 장작처럼 쪼개지고
딱딱하게 쌓여 갈 때
너는 가위를 나는 보를 내기로 모의했으나
너는 가위를 나는 다시 주먹을 냈다

二

주먹 위로 소나기처럼 쏟아지던 시선

살아 있는 동안 잊히지 않는 부끄러운 게임이었다
주먹 속에 무엇이 감추어져 있었는지
아직 주먹을 펴지 않고 있다

팽목항 크리스마스

304번째 너울까지 읽고
눈을 감는다

저 바닷물 가르고
뛰어내리면

저 바닷물 가둬 두고
퍼내면

무사할까
파랑 파티

해변으로 들고나는
젖은 말

데굴데굴 모서리 닳는
웃음 파편들

눈은 오지 않았는데
먼 섬이 수평선에 눈사람 굴리고

굴레

 마징가 제트와 로봇 태권 브이가 싸우면 조종이 필요한 마징가 제트보다 훈이 생각하는 대로 움직이는 로봇 태권 브이가 더 빠르기 때문에 이길 거라는 말에 머리를 끄덕였다

 로봇 태권 브이가 되겠다고 아침에 가출한 나는 저녁에 마징가 제트가 되어 돌아왔다 그날 밤 김일 선수가 박치기로 안토니오 이노키를 이겼다 프로레슬링은 마징가 제트처럼 조종하는 경기라고 친구가 옆에 앉아 말해 줬다 밤마다 품새는 태극 8장에서 길을 잃고 헤맸다

 몇십 년째 아침마다 머리가 열리고 조종선이 착륙한다

 하지만 나는 가끔 내가 눈치채기 전에 나를 구석으로 넘어뜨린다

차이와 사이

차이를 주머니 속에 억지로 집어넣는데
울음이 잡혔다
축축한 돌멩이 같은

침을 삼키고
안경을 쓸어 올리고
먼 델 바라보는데
사이가 말한다

많이 좋아졌네요

파란 나뭇잎이 얼굴을 가로지른다

종이배를 접고 포개고
다시 접는다
사이를 건너 보려고

차이가 밖으로 나오려 애쓰다가
털썩 주저앉는다

이번 가을엔 단풍이 쉽게 물들지 않는다

한 발
한 발
사이를 뗄 때마다
주머니 속 출렁거리는 파도와,
몽돌 구르는 소리

김일수

비탈에 집들이 연탄재처럼 쌓여 있고
축대 밑 화단을 점령한 며느리밑씻개 덩굴 사이로 수선화 목을 내민다

삐걱대는 파란 대문
낯선 인기척, 고양이 한 마리
골목 쪽 담장을 넘는다

막 세수하고 나갔는지
수돗가 대야에 세숫물 담겨 있고
곧 돌아오겠다는 듯
빨랫줄에 널린 짝짝이 양말

창호지에 코스모스 핀 안방
반듯하게 개켜진 솜이불 위
머리 자국 오목하게 팬 베개 잠들어 있고

툇마루의 신발 자국이 방문 열어 놓고 간 건넛방
박힌 못이 허름한 겨울 모퉁이를 입고 서 있고
활짝 웃는 아이는 사진틀 속에서 빠져나가지 못했다

벽지에 축구공 그려진 작은 방
앉은뱅이책상의 낡은 트로피, 옆
다리 한쪽 빠진 관절 인형이 올려다보고 있다

저물도록 기다리며
바라보는 녹슨 대문과,
문패

철거 금지
이사 안 갔음

13월

절룩이는 비 꼬리를 잡고
도착한 내가 도착하지 않는 나를 기다리고

저녁 방향으로 와서 새벽 방향으로 날아가는 혼잣말

가고 싶은 곳까지 오솔길이 나 있고
안개가 길섶 도랑으로 걸어 나와 발등을 씻고
바람 손가락이 꾹 다문 입술을 매만지고
떠올리면 금세 그림으로 그려져 걸리고
걸음이 하얀 문자로 버려지는

수억 년 전에 출발한 눈빛이 도착하려면 멀었고
그림자가 생기지 않고
물은 높은 곳으로 흘러 나가고
무엇이든 거꾸로 돌아가고
내뱉은 말들을 주워 담을 수 있는
한 번도 살아 보지 못한 중독

종일 미지근하고
내일이 없고

입고 온 슬픔을 빨아 저무는 새벽에 널어놓는
신은 없고 신자는 있는
열세 번째 달이 뜨면 당신을 끄고
발가벗은 허공의 눈을 감겨 주고
깨어나지 않는

손등으로 비볐는데 푸른 눈물이 묻어나고
당신은 비 오는 빨랫줄의 수건 같고
만지면 파도치는 영혼

동굴의 벽화 속, 이미 하얀 뼈로 새겨진 내가
나를 지켜보고 있는

지문

一
    정직목공소가 댓바람부터 곤한 골목 옆구리 톱질하고
불규칙한 기후 이면을 마름질한다
자르고 벗겨 낼 때마다 갈라지고 모이는 시간의 결
맞춰 놓고 돌아서면 어긋나고
잠깐의 곁눈질에도 비뚤어지는 일상들
좁아진 나이테 구간의 연대기를 더듬으며
낯선 숲의 긴 겨울 안쪽을 걸어간다
닳은 손금 자리 부근에서 매번 길을 잃고
주저앉아 올려보는 하루의 우듬지
눈 깜짝할 사이
전동톱 공회전 속으로 오후가 빨려 들어간다
문득 손가락 개수를 확인할 때
문밖 은사시나무 잎맥이 노을 버튼 누르고
바람이 별을 따라가며 눈금 긋고
저녁을 대패질한다
얼마나 깎아 내면 네 무늬와 연결되는지
어디쯤에서 자르면 온전히 잃어버릴 수 있는지
눈빛과 심장을 작업대에 올려 두고 머뭇거리는데
컴컴한 허공을 켜는 별똥별
二
    빈 지구에 홀씨로 도착해 수십억 년을 동그라미로 새긴

나무의 종족
잘린 손가락 마디 끝
소용돌이치는 비명들

나의 아저씨
―이선균

아저씨! 하고 부르면
울다가 말고
웃으며 다가올 것만 같은 사람

삶이 고프다
꼬르륵 소리 내면
마음 절취선을 찢고
내 안쪽 오목한 절망에 타 주던
막대 커피믹스 같은 사람

한참을 눈으로 말하다가
그것도 버거워 돌아서던
당신 때문에
눈으로 더 깊게 말할 수 있다는 걸

뒤돌아서서
잠깐 하늘을 올려다보는 것만으로도
들키지 않게 울 수 있고
눈물을 흔적 없이 말릴 수 있다는 걸

사람은 죽이지 않고도
죽일 수 있다는 걸
죽어도 살아 있을 수 있다는 걸
가르쳐 준,

아직 막막하고
아득한 골목 모퉁이지만
저편 먼 언덕에 궁둥이를 붙이고 앉은 슬픔
벌떡 일어나 흙먼지를 툭툭 털며
걸어올 것만 같은

누설

一

　매캐한 서울을 비켜 지나던 달이 쉬어 가는 북한산 아래 세검정 집에서 이십 년 넘게 살았다

　아버지가 하늘로 거처를 옮기시고 아내와 딸이 외국으로 떠난 몇 해, 평일 낮 동안 비어 있는 적막한 집의 도시가스 정기 검사를 주말로 부탁해 연기했다 검사원을 기다리는 시간은 오랜 병원 생활에서 돌아오는 동무를 동네 입구까지 마중 나와 기다리던 어린 날 같았다

　처음 보는 검사원이 의례적인 몇 마디 말을 던지고 돌아갔는데
　며칠은 아무리 세게 마음을 잠가도 새는 게 많았다

一

중독

따르릉!
매번 같은 자리에서 기다리던 개 두 마리가 길을 비킨다

부암슈퍼 문을 나온 개 주인이
페트병 소주를 허리춤에 찬 수통으로 옮겨 채우다가
몰래 주위를 둘러본 후 조금 남은 술을 마시고 개줄을 당긴다

개가 종종걸음으로 그림자를 끌고 가고
자전거 바퀴가 기운 해를 굴리며 교차한다

멀리 자하문고개까지 내려온 북악산 산그늘
고갯마루에서 제자리걸음하고 있다

각자 동네를 한 바퀴씩 돌고 온 것 같은데
개들이 먼저 슈퍼 앞에 와 있고

보름달이 인왕산 쪽에서 개의 젖은 눈을 비춰 준다

자전거 벨을 울리지 않았는데

— 개들이 조용히 길을 비킨다

자주 스치면 스치는 게 베이는 것보다 더 아플 때가 있다

—

해설

바닥을 기는 곤충의 생태학

이경수(문학평론가)

1.

손목에서 거미줄을 발사하며 자유자재로 건물과 건물 사이를 날아다니던 스파이더맨. 거미 인간을 형상화한 스파이더맨을 영화에서 처음 만났을 때의 해방감을 기억한다. 어릴 적 낡은 집의 창고나 후미진 곳에서 어김없이 보았던 거미의 생태도 신기하고 황홀하기는 마찬가지였다. 정교하고 아름다운 천을 자아내듯이 거미줄을 쳐서 자신의 영역을 분명히 점유하던 거미의 움직임. 먹이가 스스로 걸릴 때까지 기다릴 줄 아는 고요한 기다림의 시간까지 그건 마치 행위예술과도 같았다. 그런 황홀한 거미의 생태가 스파이더맨을 탄생시켰을 것이다. 평소에는 평범한 소년처럼 보이지만 거미줄을 발사할 줄 알게 되면서 스파이더맨은 행위예술가이자 마블의 히어로가 된다.

손석호의 두 번째 시집 제목은 '스파이더맨'이다. 「시인의 말」에 따르면 시인은 "새벽까지 별을 가리"키며 "오늘 밤에도/손목에서 거미줄"이 발사되기를 기다리지만 그런 일은 일어나지 않는다. "늦잠 속/슬픈 곤충이 기어다"니는 현실만이 그를 기다리고 있을 뿐이다. 별을 동경하며 스파이더맨을 꿈꾸지만 시인의 현실은 바닥을 기어다니는 "슬픈 곤충"으로 살아갈 수밖에 없는 신세라는 자각이 뒤따른다. 그 간극에서 발생하는 비애와 아이러니가 손석호의 이번 시집을 구성하고 있다.

공장노동자는 물론 건설 현장의 노동자, 고층 빌딩의 유리창을 닦거나 고층 아파트에 페인트칠을 하며 살아가는 사람, 철탑을 오르는 전기공, 폐지 더미를 주워다 팔며 살아가는 사람, 직접 재배한 과일 가격이 폭락해 공판장에 팔려 나왔다가 빈손으로 돌아가는 농부 등 먹고살기 위해 몸을 쓰고 노동을 하며 살아가는 평범한 사람들이 손석호의 시집에는 살아 숨 쉬고 있다. 하나같이 고달프고 고단한 인생이지만 이들도 바닥을 기어다니는 곤충이나 벌레 같은 삶이 아니라 하늘을 자유롭게 날아다니는 스파이더맨처럼 별을 가리키며 살고 싶은 꿈을 꾸고 있다. 아니, 고단한 삶과 이들이 품은 더 나은 삶을 향한 동경과 꿈은 동시에 공존한다. 그 속에서 때론 비애가 발생하고 아이러니가 발생하고 아름다움이 솟아오른다.

2.

손석호 시인은 첫 시집에서도 노동자, 농민, 소시민의 삶을 그려 왔다. 두 번째 시집에서도 시인의 관심은 달라지지 않았지만 이들의 삶을 그리는 방식에는 변화가 생겼다. 첫 시집이 불타오르는 뜨거운 불꽃의 빛깔에 가까웠다면 이번 시집은 불꽃이 사그라든 후 새까맣게 타 버린 잿빛에 가까운 빛깔을 띠고 있다. 사라진 존재들이 이번 시집에서 자주 그려지는 까닭도 여기에 있을 것이다.

방아깨비, 파리, 메뚜기, 농게, 민달팽이, 꼽등이, 소금쟁이, 사마귀, 노린재, 개미, 모기, 쇠똥구리, 물방개, 칠성무당벌레, 돈벌레, 나방 등 곤충이나 벌레가 시의 제목이나 소재로 등장하는 시가 이번 시집에서 가장 높은 비중을 차지한다. 이처럼 바닥을 기는 존재들의 생태에 손석호 시인의 눈길은 머문다. 자신의 몸을 써서 벌어먹고 살아가는 존재들에 대한 연민과 고단한 일상 속에서도 날아오르기를 바라는 그들의 동경과 꿈, 그리고 절망에서 피어나는 슬픔과 상실감이 이번 시집의 기본 정서를 형성하고 있다.

펄쩍펄쩍 아무리 뛰어도 그 자리가 그 자리 지구가 발목을 꽉 잡고 있으니 꼬꾸라지지 않는다 뒤뚱뒤뚱 일어서고 걷고 뛰고 멈췄다가 앉고 눕고 벌떡벌떡 다시 일어서고 걷고 뛰고 멈췄다가 눕는다 뒤적뒤적 보지 말자 듣지 말자 냄새 맡지 말자 맛보지 말자 만지지 말자 혹 보이고 들리고 냄새나고 먹고 만지게 되더라도 느끼지 말자 어기적어기적 출근하자 30분 일찍 출근하자 마을버스 타고 전철로 갈아타고 다시 마을버스를 타고 내리자마자 뛰자 눈 부릅뜨고 허벅지 꼬집으며 일하자 쓱싹쓱싹 쉬지 말자 쉬더라도 실적을 잊지 말자 퇴근 말자

> 퇴근하더라도 야근하자 재깍재깍 사랑하지 말자 사랑하더라도 결혼하지 말자 결혼하더라도 섹스하지 말자 질금질금 섹스하더라도 아이 낳지 말자 오늘을 간신히 찧었는데 쿵덕쿵덕 내일 때문에 잠은 오지 않고 멈추면 죽을 것 같고 버석버석 창밖 달 속에 토끼가 방아를 찧고 내 심장이 방아를 찧고 말똥말똥
>
> ―「방아깨비」 전문

곤충의 생태를 관찰해 그 모습과 행동 양태에서 노동하는 인간의 모습을 발견해 비유하는 시가 이번 시집에서 자주 눈에 띈다. 이런 시들이 제1부와 제2부의 대다수를 차지하고 있다. 펄쩍펄쩍 뛰는 방아깨비의 모습에서 시의 화자는 "아무리 뛰어도 그 자리가 그 자리"인 노동자의 모습을 연상한다. 그것은 곧 노동자-화자의 모습이기도 하다. 인용한 시에서 일어서고 걷고 뛰고 멈추고 눕는 행위 동사는 반복되고, 보고 듣고 냄새 맡고 먹고 만지는 감각과 관련된 동사는 '-지 말자'라는 금지의 의미를 지니는 종결어미와 함께 쓰인다. 보고 듣고 냄새 맡고 맛을 느끼고 만지는 것 같은 시각, 청각, 후각, 미각, 촉각을 통해 자연스럽게 느껴지는 감각조차 느끼지 말자고 하는 삶은 그만큼 쳇바퀴 돌듯 반복되는 일하는 일상에 매여 삶의 여유를 전혀 찾을 수 없는 피폐한 삶을 드러낸다. 노동의 일상을 방해하는 것은 그것이 무엇이든 전혀 용납되지 않는 삶을 살아가는 노동자의 일상을 방아깨비의 생태에 빗대어 그린 것이다. 놀이가 배제되고 일의 영역만 남아 있는 삶은 퇴근해서도 일하거

나 아니면 야근하고, 사랑과 결혼과 섹스마저 통제되고 제약되는 삶이다. 감각과 감정을 통제하고 억압하는 삶의 비애를 이 시는 11번이나 쓰인 의태어의 빈번한 사용을 통해 역설적으로 드러낸다. 펄쩍펄쩍, 뒤뚱뒤뚱, 벌벅벌벅, 뒤척뒤척, 어기적어기적, 쓱싹쓱싹, 재깍재깍, 질금질금, 쿵덕쿵덕, 버석버석, 말똥말똥 같은 의태어들은 이 시에 생동감을 불어넣는다. 이토록 열심히 살아도 쉼이나 놀이의 시간을 확보하지 못한 채 잠자는 시간까지 불안에 시달리며 말똥말똥 잠 안 오는 밤을 지새워야 하는 삶. 손석호의 이번 시집은 고단한 피로사회의 일원으로 살아가는 노동자의 삶과 죽음에 대한 알레고리이자 비망록이다.

 손석호의 시는 하루하루 생계를 이어 가기 위해 일해야 하는 서민들의 삶의 현실을 곤충이나 벌레들의 생태에 빗대어 핍진하게 그려 낸다. "가격이 폭락해 팔지 못한 과일을 싣고/공판장에서 되돌아 나오던 농부"가 "안전벨트 미착용"으로 "교통 딱지 떼이"는 흔한 풍경도 시인은 그냥 지나치지 못한다. "삼만 원" 범칙금 앞에서 "자두 한 박스가 삼천 원이라며/자두 열 박스로 맞바꾸자 실랑이"하는 농부의 모습마저 안쓰러운 생활의 고투로 느껴졌기 때문이겠다. "때마침 범칙금 통고서 작성판에 앉는/파리 한 마리"의 신세와 범칙금 "삼만 원"을 "자두 열 박스로 맞바꾸자 실랑이"하는 농부의 신세가 별다를 바 없다는 깨달음이 시인으로 하여금 한낱 파리를 "거룩한 파리"로 호명하게 한다.(「거룩한 파리」)

 "들어간 회사마다 사정이 어려워 자주 회사를 옮겨 다녔고 친구들이 화려한 메뚜기라 불러" 주었다고 메뚜기라는 별명의 유래를 알려 주며 시작하는 「메뚜기볶음」이라는 시에서는 "어릴 적 내 손에 다리 한쪽을 남겨 두고 도망간 메뚜기"를 떠올리며, 메뚜기와 자신을 동일시하는 화자의 사연에 내력이 있음을 고백하기도 한다. 자주 회사를 옮기다 보면 일을 쉬는 사이사이에 아르바이트도 하게 될 텐데 "주휴수당을 주지 않으려 알바 시간을 토막 내 던져" 주는 사장 때문에 "여기저기 깨금발로 뛰어다니"는 메뚜기 신세가 될 수밖에 없었던 노동자의 현실 또한 실감 나게 그려진다.(「메뚜기볶음」)

나는 도무지 책장이 넘어가지 않는 악의 꽃의 어느 페이지에 손가락을 꽂아 두고 있었고 형은 대자보를 붙이고 있었는데 잠자리가 우리의 여름방학처럼 거미줄에 달라붙어 퍼덕이고 있었어

형은 잠자릴 떼어 내 날려 보내며 말했지 겹겹이 둥글게 갇힌 과녁처럼 거미줄의 끈끈한 가로줄은 위험해 거미는 위험할 때 끈끈이 없는 세로줄을 타고 잽싸게 땅바닥으로 도망친대 거미도 가로줄엔 붙으니까

즐겁지는 않지만 우리는 오랫동안 거미줄보다 낮은 곳에 살고 있지 그렇다고 절대로 기어다니지는 않아 주로 걷는 척 뛰어다니지 높은 곳은 쳐다보지 않아서 줄이나 빽 같은 건 생각

하지도 않았어

  십 년 만에 만난 형은 이제 줄 타며 산다고 한다 손목에서 거미줄이 나오지 않아 한 뭉치의 세로줄을 둘러매고 다니며 공중에서 세로줄을 타고 땅바닥으로 도망치며 산다고, 이십 층 이상 올라가면 일당이 십만 원 올라간다고
                              —「스파이더맨」전문

'형'과 '나'의 이야기로 시작되는 이 시에서 거미는 형제에게 관찰의 대상이자 삶의 방식을 알려 주는 존재였다. "우리는 오랫동안 거미줄보다 낮은 곳에" 살았지만 "그렇다고 절대로 기어다니지는 않"고 "주로 걷는 척 뛰어다니"며 최소한의 자존심을 지키며 살았다. 오래전 한 풍경 속에서 "나는 도무지 책장이 넘어가지 않는" 보들레르의 "악의 꽃의 어느 페이지에 손가락을 꽂아 두고 있었고 형은 대자보를 붙이고 있었"다. '나'는 문학도로 '형'은 사회운동가로 평범하게 살아갈 수도 있었겠지만 이들 형제의 삶은 그리 녹록지 않았던 것 같다. 거미줄에 걸린 잠자리를 놓아주며 "위험할 때 끈끈이 없는 세로줄을 타고 잽싸게 땅바닥으로 도망"칠 줄 아는 거미의 생태를 '나'에게 알려 주던 '형'은 십 년이 흐른 지금 "이제 줄 타며 산다고 한다". "높은 곳은 쳐다보지 않아서 줄이나 뺙 같은 건 생각하지도 않았"던 삶의 방식 탓이었을까. 한때 높은 이상을 가지고 대자보를 붙이던 '형'은 "손목에서 거미줄이 나오지 않아 한 뭉치의 세로줄을 둘러매고

다니며 공중에서 세로줄을 타고 땅바닥으로 도망치며 산다고" 한다. 현실의 스파이더맨은 고작 이렇게 땅바닥으로 도망칠 때나 거미의 생태를 흉내 낼 뿐이다. "이십 층 이상 올라가면 일당이 십만 원 올라간다고" 전하는 '형'의 말은 목숨이 위험할수록 일당을 더 쳐주는 위험수당에 작동하는 자본의 논리에 알면서도 이용당할 수밖에 없는 우리 시대 노동자의 현실을 보여 주는 씁쓸한 말이 아닐 수 없다.

3.

손석호의 시집에는 노동자의 일과 생활과 그 속에서 경험하는 감정을 그린 시들이 여러 편 실려 있다. 좀처럼 쉼의 여유를 누리지 못하고 끊임없이 일해야 하는 노동의 압박 속에 시달리는 노동자의 마음을 짐작게 하는 시들도 눈에 띈다. 가령 "고층 콘크리트 벽면에 유명 아파트 브랜드를 색칠하"다 페인트통에 그려진 노루가 다가와 "밧줄을 자르든지 안전띠를 풀어 봐 멀리까지 함께 뛸 수 있을 것 같아"라고 "옆에 쪼그려 앉아 중얼거리"는 장면은(「노루표 페인트」) 고층 빌딩에서 페인트칠을 하거나 유리창을 닦으며 홀로 일하는 노동의 불안과 공포와 외로움에 대해 생각해 볼 기회를 독자들에게 제공한다.

> 몇 년째 컨베이어를 따라 무한궤도를 돌았다 한 번뿐인 생이 어디에서 발송되고 어디로 도착하는지 이리저리 던져질 때마다 깨지지 않으려면 어디에서 어떻게 포장되어야 하고 무엇을 준

비해야 하는지 자주 택배 상자처럼 탑차에 실려 나갔지만 되돌아오고

 동생은 외딴 포구에서 태어나 청년이 될 때까지 아버지와 단둘이 살았다 난바다로 나간 아버지가 늦는 날에는 집게다리가 몸집보다 큰 농게를 잡아 데리고 놀았다 그냥 같이 놀려고 했을 뿐인데 농게는 매번 잡히지 않으려고 죽지 않으려고 제일 중요한 집게다리를 버렸다

 컨베이어도 오래 돌면 굴레를 맴도는 사람처럼 죽거나 아플 때가 있다 파이고 찢어진 벨트를 갈아 주고 굳은 관절에 기름칠을 해 주던 늦은 밤, 시간처럼 멈추는 걸 모르는 벨트가 팔을 꽉 물고 돌았고 단지 죽지 않으려고 농게처럼 팔을 버렸다

 동생은 방파제에 앉아 늙은 아버지를 기다리며 어릴 때처럼 농게와 놀고 있다 방파제 바닥으로 막 떨어진 농게의 집게다리는 시간이 흐르면 다시 돋아 몸집보다 크게 자랄 것이다

 축 늘어진 오른쪽 소매가 약한 해풍에도 바람 자루처럼 심하게 흔들린다

―「농게」 전문

시의 화자가 '동생'이라고 부르는 이의 노동자로서 살아가는 현재와 과거 유년 시절의 기억을 이야기하는 시이다.

1연에는 "몇 년째 컨베이어를 따라 무한궤도를 돌았"고 "자주 택배 상자처럼 탑차에 실려 나갔지만 되돌아오고" 하면서 노동자로서 살아가는 '동생'의 모습이 그려진다. 2연에서는 어릴 적 "난바다로 나간 아버지가 늦는 날"이면 "집게다리가 몸집보다 큰 농게를 잡아 데리고 놀"던 '동생'의 유년 시절의 기억이 서술된다. "그냥 같이 놀려고 했을 뿐인데 농게는 매번 잡히지 않으려고 죽지 않으려고 제일 중요한 집게다리를 버"리곤 했다. 그것이 어릴 적 '동생'에게는 인상적이면서도 이해되지 않는 장면으로 남아 있었을 것이다. 3연에서는 공장에서 컨베이어벨트가 돌 때 사고가 나서 '동생'이 팔을 잃게 된 사연이 서술된다. "컨베이어도 오래 돌면 굴레를 맴도는 사람처럼 죽거나 아플 때가 있"어서 "파이고 찢어진 벨트를 갈아 주고 굳은 관절에 기름칠을 해 주던 늦은 밤, 시간처럼 멈추는 걸 모르는 벨트가" 그만 '동생'의 "팔을 꽉 물고 돌았고" '동생'은 "단지 죽지 않으려고 농게처럼 팔을 버렸"던 것이다. 집게다리를 버리고 달아나던 농게의 심정을 팔을 잃은 '동생'은 비로소 이해할 수 있었을 것이다. 4연에서는 팔과 함께 일자리를 잃고 고향으로 돌아와 "방파제에 앉아 늙은 아버지를 기다리며 어릴 때처럼 농게와 놀고 있"는 '동생'의 모습이 그려진다. 그러나 "농게의 집게다리는 시간이 흐르면 다시 돋아 몸집보다 크게 자"라겠지만 5연에서 그려지듯이 '동생'의 "축 늘어진 오른쪽 소매"는 "약한 해풍에도 바람 자루처럼 심하게 흔들"릴 뿐 회복될 수 없다. 그 대비가 처연한 슬픔을 자아낸다.

딸깍이는 한 번의 스위치 조작음

환해지는 반지하방

밝음은 참 만들기 쉽다고 생각하다가

한 끼 밥그릇을 놓치지 않으려 왼손에 힘을 준다

내일 야간 잔업은 당연히 신청해야 하고

이번 주말 특근 선택을 고민하지 않는 일,

이것은 음지의 태도

여름 한낮의 뜨거운 전등을 누군가 꺼 주었으면

더워서가 아니라 혼자라는 걸 확인하고 싶지 않아서

밝음은 어둠 다음에 번갈아 가며 오는 것일 뿐

미래를 생각해 보진 않았어

날아다닐 필요가 없어 사라진 날개처럼

꿈도 낮은 곳을 향하도록 퇴화했지

가끔 아프면 병원 대신

약 같았던 도시의 음지로 걸어 나와 헤맨다

어두운 곳에서 일할 뿐 내가 어두운 것은 아냐

무거운 걸 똑같은 자세로 반복해 들었기 때문이지 처음부터
허리가 굽어 있었던 것도 아니야

더러운 곳에 오래 머물 뿐 내가 더럽다는 것은 편견

자면서 걷어찬 이불을 덮어 주던

오래전 따스한 손길을 생각한다

살기 위해 잠들어야 하는 밝음과

살아 있어 머물러야 하는 어둠

오늘도 암막 커튼을 친 다음 전등을 끄면

교대근무를 시작하는 가짜 어둠

—「꼽등이」 전문

 반지하방에서 살아 본 이들은 알 것이다. "딸깍이는 한 번의 스위치 조작음"에 금세 "환해지는 반지하방"의 어둠과 밝기를. 반지하방은 낮에도 불을 켜지 않으면 어둡고 습해서 꼽등이와 동거하는 경우가 흔하다. 화자는 "내일 야간 잔업은 당연히 신청해야 하고/이번 주말 특근 선택을 고민하지 않는"다. 그런 자신의 태도를 그는 "음지의 태도"라고 부른다. 음지에서 오래 살아가다 보면 "음지의 태도"를 자연스럽게 갖게 된다. 가령 "혼자라는 걸 확인하고 싶지 않아서" "여름 한낮의 뜨거운 전등을 누군가 꺼 주었으면" 하고 생각하는 일이라든가 "날아다닐 필요가 없어 사라진 날개처럼/꿈도 낮은 곳을 향하도록 퇴화"해 버린 일 같은 것 말이다. 그런 까닭에 "미래를 생각해 보진 않았"다고 화자는 고백한다. 미래를 생각할 여유 따윈 없었다고 말해야 할지도 모른다.

 어둠에 익숙해지고 꼽등이와 오래 동거하다 보면 자신도 모르게 꼽등이를 닮아 갈 것이다. "어두운 곳에서 일할 뿐 내가 어두운 것은 아"니라고 "무거운 걸 똑같은 자세로 반복해 들었기 때문이지 처음부터 허리가 굽어 있었던 것도 아니"라고 화자는 말한다. "더러운 곳에 오래 머물 뿐 내가 더럽다는 것은 편견"이라는 말은 꼽등이에게도 화자에게도 해당되는 말이다. 야간 잔업과 주말 특근에 시달리면서도 화자는 "자면서 걷어찬 이불을 덮어 주던/오래전 따스한 손길을 생각한다". 홀로 지내는 반지하방 생활 속에서도 화자를 버티게 하는 힘은 "오래전"의 "따스한 손길"에 대한 기억에 있었을 것이다. "살기 위해 잠들어야 하는 밝음과/살아 있어 머물러야 하는 어둠" 속에서 시의 화자는 오늘도 버티고 있다. 비록 "살면 살수록/깊어지고 휘어지는 막장" 같은 삶일지라도 "왼손으로 밀린 월세를/오른손으로 연체이자를 굴리며" "다시" 삶을 위한 "터널 안으로 들어가"는 가난한 서민의 모습을 손석호의 시에서 만날 수 있다(「개미구멍」).

4.

손석호의 이번 시집은 죽음으로 가득하다. "어릴 적 물방개 잡으러 함께 연못에 놀러 갔다가/빠져나오지 못한 친구"(「물방개」), 아마도 망월동 국립묘지에 묻힌 것으로 보이는 "오래전 죽은 형"(「망월동」), "반도체를 씻겨 주는" 일을 하다가 "백혈병"에 걸려 "하늘"이라는 "새 거처"로 가 버린 '당신'(「백혈병」), "영정 속/두 눈이 타오르는 불길을 보고 있"는 분신한 노동자(「되새김질」), 전태일(「전태일과의 한 끼」)과 전봉준(「전봉준 마지막 길」), "컨베이어에 끼여 파르르 떨고 있"는 "TV 속/한 청년"(「음 소거」) 등등 시인이 살아오면서 만나고 겪은 수많은 죽음이 소환되고 있다.

손석호 시에 따르면 "우리는 옆 사람을 어디엔가 빠뜨리며 살아"간다(「물방개」). 꼭 나쁜 의도를 가지고 해하려고 하지 않아도 나의 존재가 누군가에게는 해악이 될 수도 있는, 나쁜 경쟁을 부추기는 병든 사회를 우리는 살아가고 있다. 타인의 죽음이 시인에게 남긴 상흔은 살아남은 우리 자신과 우리가 살아가는 세상을 돌아보게 한다.

  폭우는 권력처럼 약한 곳만 집중하고
  죽어서도 십 리를 떠돌아야 하는 주검이 있고 어떤 주검은 고장 난 인공위성처럼 어디까지 갔는지 알 수 없었다

  지하로 스며든 패자는 승자의 독식을 그냥 바라보고만 있어야 한다고 지렁이 한 마리 맨홀 뚜껑 옆에서 버둥대며 몸으로 말한다

  왜 대피하지 못했나 왜 지하에 살았나, 라고
  어떤 사람이 세 식구의 주검이 실려 나간 반지하방 지상 창가에 앉아 말한다
  한 번도 낮은 곳으로 내려와 본 적 없는 자가 인자한 척 눈을 깜박이며

  한번 침수된 슬픔은 아무리 닦아도 벽지 얼룩처럼 지워지지 않고
  눅눅한 두려움의 이면까지 번지는 곰팡이

  이 세상 습윤은 약자가 끝까지 짊어지도록 맡겨졌는지
  여전히 반지하방을 빠져나가지 못한 채 닫힌 방문 뒷면에

자국으로 남아 있는 울음

그나저나 누가 지하에 저렇게 많은 방을 만든 걸까

어김없이 저무는 맨홀 뚜껑 위
힘겹게 지하를 벗어났지만 바싹 말라 있는 지렁이 한 마리
―「신림동」 전문

이 시의 앞부분에는 "비 개고 지렁이가 지상으로 나오는 건/일광욕을 위해서가 아니라/땅속이 침수되어 숨을 쉴 수 없어서이다"라는 오른쪽 정렬된 문장이 작은 글씨로 부기되어 있다. 인간의 관점에서는 비 갠 후에 지상으로 나온 지렁이를 보면서 일광욕을 하려고 나온다고 생각할 수도 있겠지만 그건 지렁이의 생태를 모르는 인간의 시각일 뿐이고, 사실은 비가 와서 땅속이 침수되어 숨을 쉴 수 없어서 나오는 것이라는 뜻이다. 시의 본문을 읽어 보면 이 문장이 시의 앞부분에 부기되어 있는 까닭을 짐작할 수 있다.

2022년 8월, 갑작스럽게 쏟아진 폭우에 신림동 반지하에 거주하던 세 모녀가 빠져나오지 못하고 사망한 사건을 기억할 것이다. 폭우로 인한 재난이기도 했지만 사고가 일어나기 2년 전에 전수조사를 거쳐 침수 우려 반지하 가구로 분류되어 핵심 관리 대상으로 지정되었음에도 폭우 피해를 막지 못했다는 점에서 인재라는 뼈아픈 자성이 이어진 사건이기도 했다. 더구나 폭우 대비를 했어야 할 책임을 지닌

최고 권력자의 입에서 "왜 대피하지 못했나 왜 지하에 살았나" 같은 몰상식하고 몰염치한 막말이 나오면서 많은 이들이 분노에 휩싸이기도 했다. 인용한 시는 바로 그 사건을 다루고 있다.

"폭우는 권력처럼 약한 곳만 집중하고/죽어서도 십 리를 떠돌아야 하는 주검이 있고 어떤 주검은 고장 난 인공위성처럼 어디까지 갔는지 알 수 없었다". 느닷없이 쏟아진 폭우와 그로 인한 재해는 기후 위기에 가장 취약한 계층이 누구인지 적나라하게 보여 주었다. 시의 화자는 "지렁이 한 마리 맨홀 뚜껑 옆에서 버둥대"는 모습을 보며 "지하로 스며든 패자는 승자의 독식을 그냥 바라보고만 있어야 한다"는 것을 아프게 깨닫는다. 승자독식의 세상이 결국 기후변화가 몰고 온 재난에 가장 취약한 사람들을 희생시킨 것임을 깨달은 것이다. "한 번도 낮은 곳으로 내려와 본 적 없는 자가" 그 절망과 아픔을 알 리가 없다.

"한번 침수된 슬픔은 아무리 닦아도 벽지 얼룩처럼 지워지지 않고/눅눅한 두려움의 이면까지 번지는 곰팡이"는 오래도록 깊은 상흔을 남긴다. "그나저나 누가 지하에 저렇게 많은 방을 만든 걸까"라고 시의 화자는 질문을 던진다. 사람이 살기에는 너무 습하고 폭우와 침수에 취약한 주거 공간을 누가 저렇게 많이 만들었는지 묻는 질문은 승자독식 사회의 구조에 관심을 갖게 한다는 점에서 의미심장하다. 시의 마지막 연은 "어김없이 저무는 맨홀 뚜껑 위/힘겹게 지하를 벗어났지만 바싹 말라 있는 지렁이 한 마리"로 마무리

되는데, 비가 와 "땅속이 침수되어 숨을 쉴 수 없어서" 지상으로 나온 지렁이의 바싹 말라 죽은 사체와 거주지로 부적합한 지하에서 겨우 숨 쉬며 살아가는 사람들의 모습이 겹쳐지면서 우리 마음속에 지워지지 않는 상흔을 남긴다. 승자독식의 사회구조를 바꾸지 못한다면 우리가 살아가는 이 세상에 희망이 없을 거라는 비관적 인식을 이 시에서도 엿볼 수 있다.

가만두어도 모든 게 제자리로 돌아온다는데
떠날 필요가 있을까
버릇처럼 오늘의 분량을 태워 보내지만
쉼 없이 되돌아오는

김 과장은 불량이 너무 많다고 했고
다음 공정의 김 씨가 오늘도 출근하지 않았다

얼마나 돌고 돌아야
저절로 저편에 운반되는지

비상정지 스위치의 위치를 잘 알고 있지만
막상 꺼진다는 게 막막하고
누를 용기는,

끼니의 무한궤도

납작 엎드린 채 돌아가고

맴도는 백 년은 어차피 하루와 같다고 말했던
김 씨가 영정 사진 속에서 웃고 있다

—「컨베이어」 부분

"어디로 가야 할까". 시의 화자는 생의 목적과 방향을 묻고 싶어 하지만 마치 컨베이어벨트처럼 "맴돌기만 하면서/가고 있다고 생각하는 생"의 길 위에 우리네 삶은 대개 놓여 있다. "목 조르는 사나운 출발" 앞에서 "버릇처럼 오늘의 분량을 태워 보내지만/쉼 없이 되돌아오"고 멈추지 않는 컨베이어벨트처럼 돌고 돌 뿐이다. "김 과장은 불량이 너무 많다고 했고" 불량 판정을 받은 물품을 메우기 위해서라도 컨베이어벨트는 멈추지 않고 계속 돌아갔을 것이다. "비상정지 스위치의 위치를 잘 알고 있지만/막상" 스위치를 눌러 기계를 멈춰 세울 용기가 누구에게도 없었을 것이다. "끼니의 무한궤도/납작 엎드린 채 돌아가고" 결국 "맴도는 백 년은 어차피 하루와 같다고 말했던/김 씨가 영정 사진 속에서 웃고 있"는 비극을 불러오고야 말았다. 컨베이어벨트 위에서 돌아가는 저 부품들처럼 무한 반복되는 공정 속에서도 죽을 때까지 "비상정지 스위치"를 누르지 못하는 공장노동자들의 비참한 운명을 손석호의 시는 고발하고 있다. 이 비정상적인 구조를 바꾸지 않는 한 제2, 제3의 '김 씨'가 나올 수밖에 없음을, 아니 우리 자신의 죽음을 머잖아 목도하게 될 것임을 손석호의 시는 경고한다.

앞서간 이들의 죽음을 통해 손석호의 시는 우리가 살아갈 세상에 대해 성찰하게 한다. "한번 생긴 길은 누군가의 걸음이 되어 주기에/길이 될 때까지/앉지도 되돌아보지도 않고/민초를 가엾이 응시하는 낮달 같은 얼굴이었다"라고 전봉준의 마지막 모습을 기리는 시는 절망 속에서도 누군가의 걸음이 되어 주기 위해 먼저 떠난 이들의 삶과 죽음을 기억하고자 한다(「전봉준 마지막 길」). 전태일을 호명하는 이유도 다르지 않다. 손석호 시의 주체가 "어린 시다들에게 풀빵을 사 주고/자주 끼니를 거르던/오래전 당신과 마주 앉아/비빔밥을 먹는" 까닭은 "여전히 그 자리에 있는 당신과/아직은 오지 않은 당신의 세상을" 잊지 않겠다는 마음에서다(「전태일과 한 끼」).

5.

손석호의 이번 시집에는 최근 십여 년간 한국 사회를 뒤흔든 세월호 참사를 비롯해 불과 3년 전에 있었던 10.29 이태원 참사, 코로나19로 인해 격리되고 사람들이 죽어 나가던 시절의 기억이 담겨 있다. 비교적 최근에 이 땅에서 살아가는 사람들이 겪은 참사의 기억과 코로나 팬데믹의 경험을 통해 배운 격리되어 있어도 모두가 연결되어 있다는 감각은 우리를 많이 바꿔 놓았다. 우리를 지나간 현실의 무게와 소중한 무언가를 잃은 상실의 감각을 손석호의 시는 놓치지 않는다.

"영정 속/두 눈이 타오르는 불길을 보"면서 "당신을 삼키려면/우물거리면 된다"는 것과 "눈으로 삼킨 것은/가슴으로 오래 우물거려야 한다"는 것을 알게 되기까지 기나긴 상실의 시간을 손석호 시인은 견뎌 왔을 것이다(「되새김질」). 소중한 무언가를 잃어 본 이들이 느끼는 상실감과 "아내와 딸이 외국으로 떠난 몇 해, 평일 낮 동안 비어 있는 적막한 집"에서 홀로 살아가는 시간이 가져온 외로움과 쓸쓸함이 손석호의 이번 시집에는 흐르고 있다. "아무리 세게 마음을 잠가도 새는 게 많"은 까닭은 외로움 때문이겠다.(「누설」) "자주 스치면 스치는 게 베이는 것보다 더 아플 때가 있다"는 것을 아는 시인이므로(「중독」), 죽음의 그림자가 드리워져 있고 비관적으로 세상을 바라봐도 손석호의 시에서는 온기가 느껴진다. 그를 스쳐 간 수많은 목숨이 빚어낸 슬픔이자 온기일 것이다.